BASIC RUSSIAN:
A GRAMMAR AND WORKBC

MW00813011

Basic Russian: A Grammar and Workbook comprises an accessible reference grammar and related exercises in a single volume.

It introduces Russian people and culture through the medium of the language used today, covering the core material which students would expect to encounter in their first year of learning Russian.

Each of the 40 units presents one or more related grammar topics, illustrated by examples which serve as models for the wide-ranging and varied exercises which follow. These exercises enable the student to master the relevant grammar points.

Basic Russian is suitable for independent study and for class use.

Features include:

- exercises reflecting contemporary spoken Russian
- grammar tables for easy reference
- full key to the exercises
- glossary of all Russian words featured

Basic Russian: A Grammar and Workbook is the ideal reference and practice book for the student with some knowledge of the language.

John Murray and **Sarah Smyth** are Lecturers in Russian at Trinity College, Dublin.

Titles of related interest published by Routledge

Colloquial Russian: A Complete Language Course
by Svetlana Le Fleming and Susan E. Kay

Colloquial Russian 2: The Next Step in Language Learning
by Svetlana Le Fleming and Susan E. Kay

Russian Learners' Dictionary
by Nicholas Brown

Intermediate Russian: A Grammar and Workbook
by John Murray and Sarah Smyth

BASIC RUSSIAN: A GRAMMAR AND WORKBOOK

John Murray and Sarah Smyth

Routledge
Taylor & Francis Group

LONDON AND NEW YORK

First published 1999 by Routledge
2 Park Square, Milton Park, Abingdon, Oxon OX14 4RN

Simultaneously published in the USA and Canada
by Routledge
270 Madison Ave, New York, NY 10016

Reprinted 2003, 2004, 2006

Transferred to Digital Printing 2007

Routledge is an imprint of the Taylor & Francis Group, an informa business

© 1999 John Murray and Sarah Smyth

Typeset in Times by RefineCatch Limited, Bungay, Suffolk

British Library Cataloguing in Publication Data
A catalogue record for this book is available from the British Library

Library of Congress Cataloguing in Publication Data
A catalogue record for this book has been requested.

ISBN 10: 0-415-18317-0 (hbk)
ISBN 10: 0-415-18318-9 (pbk)

ISBN 13: 978-0-415-18317-8 (hbk)
ISBN 13: 978-0-415-18318-5 (pbk)

CONTENTS

INTRODUCTION

This grammar and workbook is intended for learners of Russian at an elementary stage or for those who want to refresh their knowledge of the grammar. It is suited both for people studying on their own and for those participating in language courses. It is intended not to replace a course book, but to be an additional resource for teachers and learners. This book provides brief explanations and illustrations of elementary grammatical patterns and ample scope for practising and consolidating basic Russian structures.

In order to use this book, learners should be familiar with the Cyrillic alphabet and should have acquired a vocabulary of about 500 words.

Each unit contains a brief explanation of an area of grammar, illustrative examples of the contexts in which the structures can be used and a selection of exercises. The first five units are introductory and graded. Thereafter the units are arranged in thematically linked blocks, each covering a range of grammatical structures. Each unit also has an independent focus, which allows learners to concentrate on specific areas at appropriate stages in their own progress. Within each unit, the exercises provide graded and systematic coverage of the points under discussion. The final unit of each block places the structures which have been learnt independently in a wider context and offers the opportunity for revision.

Basic Russian aims to cover the key points a learner needs to know in order to start speaking, reading and writing correct Russian. It is not intended to cover all the needs of the more advanced learner. Learners at both intermediate and advanced levels will, however, find *Basic Russian* useful for reference and revision.

This workbook is intended to be self-contained. The grammatical exercises are complemented by an explanation of the grammatical terms used, a key to the exercises and a list of vocabulary. Students are advised to supplement the vocabulary list by the use of a good dictionary for fuller information on individual words, their stress and usage. Personal names, and declined and conjugated forms, which might not normally be found in dictionaries, are marked for stress in the appendices and glossaries.

ACKNOWLEDGEMENTS

Several colleagues have given help and advice during the writing of this book. A special debt of gratitude is due to Sheila Watts, Uná Ní Dhubhghaill, Sergei Tolkachev and Alissa Sidorova for their careful proof-reading and helpful comments. Thanks are due to the students who piloted the exercises and provided useful feedback. We would also like to thank John, Tom and Sally Kingston and Aidan FitzMaurice for their research work. We are most grateful to the editorial and production teams at Routledge, particularly Steve Turrington, Martin Mellor, Barbara Duke and Sophie Oliver, for their encouragement and support. We accept full responsibility for the errors and infelicities that no doubt remain.

Finally, we would like to dedicate this book to our students, past and present.

John Murray and Sarah Smyth
Trinity College, Dublin

SOURCES

Dictionaries

Denisov P.N. and Morkovkin V.V. (eds), *Учебный словарь сочетаемости слов русского языка*, «Русский язык», Moscow, 1978

Morkovin V.V. (ed.), *Лексические минимумы современного русского языка*, «Русский язык», Moscow, 1985

Rozanova V.V. (ed.), *Краткий толковый словарь русского языка*, «Русский язык», Moscow, 1988

Shanskiy N.M. (ed.), *4000 наиболее употребительных слов русского языка*, «Русский язык», Moscow, 1978

Wheeler, Marcus, *The Oxford Russian–English Dictionary*, Clarendon Press, Oxford, 1972, 2nd edn, 1984

Zolotova G.A., *Синтактический словарь*, «Наука», Moscow, 1988

Grammars

Borras F.M. and Christian R.F., *Russian Syntax*, 2nd edn, Clarendon Press, Oxford, 1979

Pulkina I. and Zakhava-Nekrasova E., *Russian*, translated from the Russian by V. Koroty, 2nd edn, «Русский язык», Moscow, (no date)

Unbegaun B.O., *Russian Grammar*, Clarendon Press, Oxford, 1957

Wade, Terence, *A Comprehensive Russian Grammar*, Blackwell, Oxford, 1992

Course books

Akushina A.A. and Formanskaya N.I., *Русский речевой этикет*, 3rd edn, «Русский язык», Moscow, 1982

UNIT ONE

Identifying people and objects

- Gender
- 'Hard' and 'soft' endings
- Number
- Pronouns
- Negation
- Antithesis

Gender (i): Nouns are classified in Russian according to three genders: masculine, feminine and neuter. The grammatical gender of a noun, which is constant, can usually be identified by its ending in the nominative case, that is, the dictionary form of the noun.

The endings used to mark masculine nouns are:

hard	-ø (zero ending)	стол
soft	-ь	словарь
soft	-й	музей

The endings used to mark feminine nouns are:

hard	-а	квартира
soft	-я	кухня
soft	-ь	площадь
soft	-ия	лекция

The endings used to mark neuter nouns are:

hard	-о	окно
soft	-е	море
soft	-ие	общежитие
soft	-мя	время

N.B.: There is a small number of neuter nouns which end in **-мя**. In this workbook you will come across two of them: **время** – 'time' and **имя** – 'first name'.

'Hard' and 'soft' endings: As can be seen from the tables some nouns have what are called 'hard' endings and others 'soft' endings. The categories of 'hard' and 'soft' refer to the quality of the final consonant as realised in the vowel that follows it. 'Hard' endings are represented in the written language by a consonant followed either by a zero ending (no ending) or by one of the following vowels: **а, у, ы** or **о**. 'Soft' endings are represented in the written language by a consonant followed either by a soft sign or by one of the following vowels: **я, ю, и, ё** or **e**. All nouns ending in two vowels are 'soft'.

Gender (ii): All masculine singular endings are unambiguous with regard to gender except **-ь**, which may indicate either a masculine or feminine noun. Generally speaking males are designated by masculine nouns and females by feminine nouns, but there are some males who are designated by nouns ending in **-а** or **-я**, e.g., **мужчина, дядя, дедушка** and many diminutive forms of names, such as **Коля, Ваня** and **Петя**. These nouns decline like feminines, but are qualified by masculine adjectives, e.g., **хороший мужчина** – 'a good man' (see Unit 2).

Number: In English the singular and plural of nouns are usually distinguished by use of the ending -s: book → books; dog → dogs. Likewise in Russian the plural of nouns is marked by an ending:

The plural endings used to mark masculine nouns are:

стол	→ **столы**
словарь	→ **словари**
музей	→ **музеи**

The plural endings used to mark feminine nouns are:

квартира	→ **квартиры**
кухня	→ **кухни**
площадь	→ **площади**
лекция	→ **лекции**

The plural endings used to mark neuter nouns are:

окно	→ **окна**
море	→ **моря**
общежитие	→ **общежития**

Note the spelling rule:

> The letters г, к, х, and ж, ч, ш, щ can never be followed by -ы.

The nominative plural of nouns ending in these letters always ends in -и; e.g. врачи, книги, руки, ноги, товарищи. A few nouns have plural forms which are not related to the singular forms: человек → люди; ребёнок → дети.

Pronouns: In English the choice of pronoun (he, she, it) depends on animate/inanimate and male/female distinctions: a 'teacher' (animate) is referred to as 'he' or 'she', whereas a 'book' or a 'bus' (inanimate) are referred to as 'it'. In Russian the choice of pronoun is determined solely by the grammatical gender of a noun: учитель and автобус (masculine) are referred to as он, учительница and книга (feminine) are referred to as она, and окно (neuter) is referred to as оно. In the plural there is no reference to gender and они is used in all cases.

	Singular *Noun*	*Pronoun*	*Plural* *Noun*	*Pronoun*
Masculine	футболист	он	футболисты	они
	стол	он	столы	они
Feminine	балерина	она	балерины	они
	квартира	она	квартиры	они
Neuter	окно	оно	окна	они

Это: Это is an invariable pronoun meaning 'this (is)', 'that (is)' or 'it (is)', functioning like French 'ce' and German 'das'. Its predicate can be either singular or plural and of any gender:

Кто это? Это Филипп.	'Who's that? It's Philip.'
Что это? Это книга.	'What's that? It's a book.'
А что это? Это деньги.	'And what is that? It's the money [plural in Russian].'

Negation: The negative particle не precedes the part of the sentence to be negated. If the whole statement is to be negated, не comes before the predicate:

Affirmative statement		*Negative statement*	
Я врач.	'I'm a doctor.'	Я не врач.	'I'm not a doctor.'
Она студентка.	'She's a student.'	Она не студентка.	'She's not a student.'

Antithesis: The conjunction **a** introduces a positive statement coming after a negative statement:

Negative statement followed by positive statement

Я не врач, а шофёр.	'I'm not a doctor but a driver.'
Она не аспирант, а преподаватель.	'She's not a post-graduate but a lecturer.'

Exercise 1

Sort the following nouns into three columns according to gender.

окно; театр; письмо; магазин; город; музыка; студент; улица; место; фильм; автомобиль; площадь; словарь; учебник; карандаш; зал; здание; язык; метро; хлеб; станция; сад; университет; факультет; билет; библиотека; год; гора; дом; море; школа; этаж

Exercise 2

Identify which of the following nouns are affected by the spelling rule in the formation of the plural.

книга; театр; магазин; врач; город; студент; улица; урок; фильм; площадь; дача; учебник; карандаш; язык; библиотека; хлеб; станция; университет; ученик; билет; год; школа; этаж

Exercise 3

Identify which of the following nouns are hard and which are soft.

окно; театр; письмо; магазин; врач; город; музыка; студент; улица; место; фильм; автомобиль; площадь; дача; словарь; учебник; карандаш; зал; здание; язык; библиотека; метро; хлеб; станция; сад; университет; ученик; факультет; билет; библиотека; год; гора; дом; море; школа; этаж

Exercise 4

Supply the appropriate pronouns in the following questions and answers.

Model: Кто такой Толстой? — ___ писатель.
         Кто такой Толстой? — Он писатель.

1 Кто такая Майя Плисецкая? ___ балерина.
2 Кто такой Алексей Немов? ___ гимнаст.
3 Кто такой Иосиф Бродский? ___ поэт.

4 Кто такая Алла Пугачёва? __ певица.
5 Кто такой Юрий Гагарин? __ космонавт.
6 Кто такая Валентина Терешкова? __ космонавт.
7 Кто такая Наина Иосифовна? __ жена Ельцина.
8 Кто такой А.С. Пушкин? __ поэт.
9 Кто такой Г. Каспаров? __ шахматист.
10 Кто такой Дмитрий Харин? __ футболист.
11 Кто такой Ельцин? __ президент.
12 Кто такой Искандер? __ писатель.

Exercise 5

Answer the following questions according to the model.

Model: — Кто такой Толстой? Музыкант?
        — Нет, он не музыкант, а писатель.

1 Кто такая Майя Плисецкая? Жена Ельцина?
2 Кто такой Алексей Немов? Космонавт?
3 Кто такая Анна Ахматова? Космонавт?
4 Кто такая Алла Пугачёва? Писатель?
5 Кто такой Юрий Гагарин? Поэт?
6 Кто такая Валентина Терешкова? Певица?
7 Кто такая Наина Иосифовна? Поэт?
8 Кто такой А.С. Пушкин? Президент?
9 Кто такой Г. Каспаров? Футболист?
10 Кто такой Лев Яшин? Певец?
11 Кто такой Ельцин? Гимнаст?
12 Кто такой Булгаков? Шахматист?

Exercise 6

Put the following sentences into the plural.

Model: Он музыкант. → Они музыканты.

1 Он студент.
2 Он инженер.
3 Он журналист.
4 Она студентка.

5 Она девочка.
6 Он врач.
7 Он мальчик.
8 Она журналистка.

Exercise 7

Sort the following nouns according to gender and put them into the plural form.

Model: университет → университеты
        книга → книги
        окно → окна

автобус; автомобиль; аудитория; балерина; библиотека; дача; дверь; занятие; здание; институт; карта; квартира; книга; комната; кошка; кресло; лампа; лицей; магазин; марка; море; музей; ночь; окно; парк; писатель; письмо; площадь; подруга; родитель; слово; станция; студент; театр; трамвай; улица; упражнение; урок; ученик; фильм; флаг; цирк; экскурсия; язык

Exercise 8

Ask and answer questions with the phrases below according to the model.

Model: театр   — Что это? — Это театр.
        Мария   — Кто это? — Это Мария.

1 врач
2 дом
3 журналист
4 журналистка
5 инженер
6 институт
7 квартира
8 магазин
9 мальчик
10 Павел
11 площадь
12 Соня
13 студент
14 школа

Exercise 9

Complete the following sentences by inserting an appropriate pronoun (это, он, она or они) into the gaps.

1 А кто __? Это Каспаров.
2 А кто он такой? __ президент.
3 А кто это? __ мальчики.
4 А кто они такие? __ футболисты.
5 А что это? __ словари и учебники.
6 А это Ельцин? Нет, __ не Ельцин, а Зюганов.
7 А кто она такая? __ балерина.

UNIT TWO
Describing people and objects

- Nominal modifiers (adjectives, demonstratives, possessives, interrogatives)
- Agreement of nominal modifiers

Nominal modifiers: A nominal modifier is a word or phrase used to describe or qualify a noun. In Russian, as in English, a noun can be described in a number of ways: by an adjective (beautiful city), a demonstrative adjective (this city), a possessive adjective (our city), another noun (university city), or a phrase consisting of a preposition and noun (city in France, city with many historic buildings, city without any historic monuments, city on the banks of a river, . . .). In this Unit we look at the use of various types of adjectives to describe a noun.

Agreement: Within a noun phrase all the elements must agree with one another. In Russian, adjectives agree in number, gender and case with the noun they are qualifying. Each adjective therefore has masculine, feminine and neuter singular forms; in the plural gender is not differentiated.

As with nouns, there are adjectives with 'hard' endings and adjectives with 'soft' endings (see the tables in Appendix 2).

The following table illustrates the endings of adjectives in the nominative case (other cases are introduced in subsequent units). Note that the endings of adjectives correspond closely to those of nouns: masculine adjectives end in a consonant or the semi-consonant -й (cf. the masculine nouns стол and музей), feminine adjectives end in -а or -я (cf. the feminine nouns квартира and кухня), neuter adjectives end in -о, -е or -ё (cf. the neuter nouns окно and море) and plural adjectives end in -и, -ие or -ые (cf. the plural nouns столы and музеи).

	Masculine	Feminine	Neuter	Plural
Demonstratives	этот	эта	это	эти
Possessives	мой	моя	моё	мои
	твой	твоя	твоё	твои
	наш	наша	наше	наши
	ваш	ваша	ваше	ваши
Adjectives	такой	такая	такое	такие
	белый	белая	белое	белые
	большой	большая	большое	большие
	русский	русская	русское	русские
Interrogatives	чей	чья	чьё	чьи
	какой	какая	какое	какие

Interrogative adjectives are used in questions. **Какой** is used to ask 'what kind of' or 'which' object is being referred to. **Чей** is used to ask 'whose' object is being referred to.

Remember the spelling rule given in Unit 1: The letters **г, к, х,** and **ж, ч, ш, щ** can never be followed by **-ы**. Adjectives whose stems end in these letters end in **-ий** in the masculine form and **-ие** in the plural: **русский, русские.** Some adjectives are only affected by the spelling rule in the plural forms: e.g., **большой → большие.**

Exercise 1

Identify which of the following adjectives are affected by the spelling rule in the formation of the plural.

английская; большая; горячая; детская; добрая; дорогая; красная; молодая; московская; новая; первая; плохая; прошлая; родная; свободная; старая; тихая; чёрная; известная

Exercise 2

Answer the following questions according to the model.

Model: Какая книга? — __ книга.
        Какая книга? — Эта книга.

1 Какой стол? __ стол.
2 Какое окно? __ окно.
3 Какой театр? __ театр.
4 Какое письмо? __ письмо.
5 Какой магазин? __ магазин.
6 Какой город? __ город.
7 Какая музыка? __ музыка.
8 Какой студент? __ студент.

9 Какая улица? __ улица.
10 Какое место? __ место.
11 Какой фильм? __ фильм.
12 Какой автомобиль?
   __ автомобиль.

13 Какая площадь? __ площадь.
14 Какой словарь? __ словарь.

Exercise 3

Answer the following questions according to the model.

Model: Чьё это письмо? — Мо__.
        Чьё это письмо? — Моё.

1 Чей это автомобиль? Мо__.
2 Чей это словарь? Тво__.
3 Чей это дом? Ваш__.
4 Чья это дача? Ваш__.
5 Чей это преподаватель? Наш__.
6 Чья это кошка? Мо__.

7 Чьё это радио? Мо__.
8 Чья это книга? Тво__.
9 Чей это карандаш? Мо__.
10 Чьё это расписание? Наш__.
11 Чьё это место? Тво__.
12 Чей это учебник? Ваш__.

Exercise 4

Match the following groups (I–VI) of nouns and adjectives to form common combinations.

Model: Белый дом

I	1 английский	а утро
	2 Белый	б словарь
	3 Большой	в дом
	4 доброе	г театр

II	1 лишний	а человек
	2 молодой	б университет
	3 московское	в билет
	4 Московский	г метро

III	1 свободное	а школа
	2 средняя	б магазин
	3 универсальный	в факультет
	4 филологический	г время

IV	1 прошлый	а хлеб
	2 горячий	б год
	3 Детский	в площадь
	4 Красная	г мир

V	1	Новый	а	этаж
	2	Чёрное	б	город
	3	первый	в	море
	4	родной	г	Арбат
VI	1	русский	а	люди
	2	следующая	б	зал
	3	читальный	в	язык
	4	старые	г	остановка

Exercise 5

Complete the words where necessary.

1 Кто он так_? Он врач.
2 Кто она так_? Она журналист.
3 Кто он так_? Он футболист.
4 Кто он_ такая? Она инженер.
5 Кто он_ такая? Она певица.
6 Кто он_ такой? Он музыкант.

Exercise 6

Match the following nouns and adjectives to form common combinations.
Then put the collocations into the plural.

1 англо-русский
2 лишний
3 универсальный
4 иностранный
5 красный
6 новый
7 чёрная
8 народный
9 политический
10 коммунальная

а магазин
б язык
в карандаш
г словарь
д билет
е корреспондент
ж квартира
з автомобиль
и кошка
к музыкант

UNIT THREE
Where we do things

- Prepositional case (**в** and **на**)
- Location without movement (adverbials of place)

Nouns in Russian change their endings in order to indicate their function in the sentence. When a noun in Russian so changes, it is said to have changed its 'case'. The prepositional case in Russian is the only case which is always governed by (that is, it 'takes' and is preceded by) a preposition. Two of the most commonly used prepositions to govern this case are **в** and **на**. These prepositions, like their counterparts in English (in, at, on), may be used to express a range of meanings. In this unit we are only concerned with their use to express location without movement. The prepositional case endings are usually **-e** or **-и** in the singular and **-ax** (hard nouns) or **-ях** (soft nouns) in the plural. See Appendix 1 for further details of these and other endings.

Location without movement (adverbials of place): In order to express where something is located or where some event or action took place – as for instance in the English phrases 'at school', 'in the library' or 'on the table' – the prepositions **в** or **на** are used, followed by a noun phrase in the prepositional case. This is used:

- to express that something is located 'on' a flat surface, with the preposition **на**:

  Книга на столе.   'The book is on the table.'

- to express that something is 'in' an enclosed space, with the preposition **в**:

  Книга в ящике.   'The book is in the drawer.'

- to express that someone is 'in' or 'at' a place, with either the preposition **в** or **на**:

  Студент на занятии в   'The student is at a class in the university.'
  университете.

The choice of the prepositions **в** or **на** to express 'in' or 'at' is not random, nor is it as free as it is in English. In English, for instance, one can say either 'He is at school' or 'He is in school', with a slight difference in meaning. In Russian, the choice of preposition is determined by the noun which refers to the place. A small number of nouns require the use of **на**, the majority require the use of **в**.

The following nouns are used with the preposition **на**:

- Points of the compass: **север, юг, запад, восток.**
- Mountain ranges: **Кавказ, Урал.**
- Streets, squares, etc. in a town: **улица, площадь, бульвар, проспект, сквер.**
- Open-air facilities and public amenities: **стадион, рынок, вокзал, станция.**
- Industrial or work-related complexes: **завод, фабрика, строительство, предприятие.**
- Educational structures and sessions: **факультет, кафедра, курс; семинар, лекция, занятие, курсы, урок.**
- Cultural events: **пьеса, концерт, спектакль, репетиция, опера, сеанс.**
- Meetings: **заседание, собрание, конференция, съезд.**
- Other: **почта, телеграф.**

There are some exceptions to the general rule of nouns always being used with the same preposition. In such cases the two prepositions express different meanings: **Он на пьесе.** — 'He is at a play' and **Он в пьесе.** — 'He is in a play'.

Prepositional case in -y: The prepositional ending of a number of masculine inanimate nouns is -y (rather than the usual -e) after **в** and **на** in a locative sense, i.e., when they indicate where something is located. The -y is always stressed. In this book the following such nouns are introduced:

год	'year'	(в прошлом году́	'last year')
лес	'forest'	(в лесу́	'in the forest')
ряд	'row'	(в первом ряду́	'in the first row')
сад	'garden'	(в саду́	'in the garden')

Exercise 1

Match the following cities and countries. Form dialogues according to the model.

Model: — Ты не знаешь, где Лондон?
         — Конечно, знаю. Лондон в Англии.

Cities:		*Countries:*	
1	Бангкок	а	Япония
2	Бразилия	б	Аргентина
3	Буэнос-Айрес	в	Афганистан
4	Дели	г	Мьянма
5	Дурбан	д	Бразилия

6 Кабул	е	Индия
7 Лахор	ж	Пакистан
8 Мельбурн	з	Россия
9 Москва	и	Таиланд
10 Париж	к	Франция
11 Рангун	л	Южная Африка
12 Токио	м	Австралия

Exercise 2

Match the following objects and places. Compose sentences stating where each of the objects is.

Model: письмо, стол
        Письмо на столе.

Objects:		*Places*:	
1 аудитория		а	горы
2 ГУМ		б	словарь
3 дом		в	море
4 картина		г	доска
5 книга		д	полка
6 МГУ		е	площадь
7 расписание		ж	институт
8 слово		з	аудитория
9 Ялта		и	стена
10 лекция		к	бульвар

Exercise 3

Supply appropriate endings for the incomplete words.

Model: работать на завод_ в пригород_
        работать на заводе в пригороде

1 гулять в парк_ Победы
2 зарегистрироваться в ОВИР_
3 купить книги в Дом_ книги
4 платить за квартиру в сберкасс_
5 купить марки на почт_
6 учиться в университет_
7 обедать в ресторан_
8 жить на втором этаж_
9 встретиться на площад_ Пушкина
10 жить в квартир_
11 встретиться на платформ_
12 учиться в институт_

Exercise 4

Match the following objects and places. Compose sentences stating where each of the objects is.

Model: письмо, письменный стол
письмо на письменном столе

Objects:
1 аудитория
2 ГУМ
3 дом
4 квартира
5 книга
6 МГУ
7 русское правительство
8 слово
9 Ялта

Places:
а Белый дом
б Воробьиные горы
в англо-русский словарь
г второй этаж
д Чёрное море
е книжная полка
ж Красная площадь
з литературный институт
и Тверской бульвар

Exercise 5

Match the following activities with the places supplied below. Supply the missing endings as required.

Model: Мы играли в теннис в спортивн__ зал_
Мы играли в теннис в спортивном зале

Activities:
1 смотреть оперу
2 учиться
3 купить «Войну и мир»
4 жить
5 отдыхать
6 купить продукты
7 читать
8 выходить
9 преподавать английский язык
10 слушать кассеты

Places:
а на Чёрн__ мор_
б в Больш__ театр_
в в лингафонн__ кабинет_
г в книжн__ магазин_
д в коммунальн__ квартир_
е на следующ__ остановк_
ж в читальн__ зал_
з на перв__ курс_
и в универсальн__ магазин_
к на филологическ__ факультет_

Exercise 6

Match the following activities with the places supplied below. Supply the missing plural endings as required.

Model: гулять в гор__
гулять в горах

Activities:	*Places*:
1 играть роли	а на вечерн__ курс__
2 жить	б в пьес__
3 покупать и продавать	в на лекци__
4 сидеть и слушать	г в аудитори__
5 слушать лекции	д в хорош__ ресторан__
6 обедать и ужинать	е на рынк__
7 учиться	ж в московск__ пригород__

UNIT FOUR
Expressing likes and dislikes

- Infinitives
- **любить**

Infinitives: The infinitive is the form of a verb given in a dictionary. In Russian all verbs have two infinitives: a perfective one and an imperfective one. The terms perfective and imperfective refer to the two aspects in the Russian verbal system. Aspect is a relatively complex concept and will be treated in several units in this book; for a short definition, see the Glossary of Grammatical Terms. The infinitive of the majority of verbs ends in **-ть** – **читать, смотреть, говорить**. The infinitive of a small number of verbs ends in **-ти** – **идти, нести** or **-чь** – **мочь**. The infinitive of reflexive verbs ends in **-ться, -тись** or **-чься**.

Expressing likes: One of the ways of expressing what you like or enjoy doing is to use the verb **любить** followed by an infinitive. The verb **любить** is a second conjugation verb (see Unit 6). In the present tense it is conjugated as follows:

Person		Singular		Plural
First	я	люблю	мы	любим
Second	ты	любишь	вы	любите
Third	он/она/оно	любит	они	любят

Infinitives after the verb **любить** are usually in the imperfective aspect:

Я люблю купаться.	'I like swimming.'
Они любят загорать.	'They like sun-bathing.'
Она любит читать.	'She likes reading.'
Он любит кататься на лыжах.	'He likes skiing.'

The infinitives are in the imperfective aspect because they merely state the nature of the activity enjoyed in an abstract sense, without referring to the activity *actually* happening at a particular time, on a particular occasion or in a particular place. One of the functions of the imperfective aspect is to name an activity in this abstract, general way.

Questions and answers: When responding in the affirmative to a question of the type **Ты любишь читать?** — 'Do you enjoy reading?', it is usual to reply **Да, люблю** — 'Yes I do'. Note that the activity you enjoy is not repeated in the answer. Similarly, when responding in the negative, it would be usual to reply **Нет, не люблю** — 'No I don't'.

Exercise 1

Identify which of the following words are infinitives. What part of speech are the other words?

бегать; дочь; кататься; лечь; любить; мать; ночь; петь; пить; плавать; помочь; путь; работать; смерть; танцевать; убирать; часть; читать

Exercise 2

Answer the following questions according to the model.

Model: — Ты любишь танцевать?
— Нет, не люблю./Да, люблю.

1 Ты любишь читать? (Да)
2 Он любит работать дома? (Нет)
3 Ваня любит ходить в кино? (Да)
4 Дети любят бегать? (Да)
5 Дедушка любит сидеть дома? (Нет)
6 Ты любишь танцевать? (Нет)

Exercise 3

Put the verb **любить** into the appropriate form in the spaces provided. Answer the question in the affirmative.

Model: Ты __ путешествовать?
— Ты **любишь** путешествовать? — Да, люблю.

1 Вы __ петь?
2 Ты __ читать?
3 Он __ гулять?
4 Вы __ путешествовать?
5 Они __ плавать?
6 Она __ рисовать?
7 Ты __ детективы?
8 Она __ документальные фильмы?
9 Они __ народную музыку?
10 Вы __ исторические романы?
11 Он __ русские песни?
12 Ты __ оперу?

Exercise 4

Supply the appropriate pronoun subject (**я, ты, он, она, оно мы, вы, они**) and a suitable infinitive from the list supplied below. Answer in the negative.

Model: ＿ любит ＿ музыку?
　　　 — **Она** любит **слушать** музыку? — Нет, не любит.

Infinitives: ездить, загорать, играть, ходить, купаться, кататься, писать, смотреть, убирать, учить, болтать, читать

1	＿ любите ＿ в кино?	7	＿ любишь ＿ детективы?
2	＿ любит ＿ в футбол?	8	＿ любите ＿ ТВ?
3	＿ любишь ＿ на дачу?	9	＿ любит ＿ на лыжах?
4	＿ любишь ＿ в море?	10	＿ любите ＿ по телефону?
5	＿ любите ＿ на пляже?	11	＿ любишь ＿ квартиру?
6	＿ любит ＿ грамматику?	12	＿ любит ＿ письма?

Exercise 5

Insert the missing letter in each of the following descriptions of an activity associated with leisure. What words are formed from the missing letters?

Я люблю ...

1	танце＿ать в дискотеке.	8	＿овить рыбу.
2	п＿ть в рокгруппе.	9	＿здить на дачу.
3	＿итать газеты.	10	собира＿ь ягоды.
4	обедать в р＿сторане.	11	заг＿рать на пляже.
5	иг＿ать в карты.	12	купаться в ＿оре.
6	х＿дить в кино.		
7	с＿отреть ТВ.		

UNIT FIVE

Talking about oneself

- The present tense (first conjugation)
- Consonant mutation in verbs
- Reflexive verbs

The present tense: Russian has fewer verbal forms than English. The Russian present tense, for example, covers the English so-called present simple and present continuous. For instance, **работаю** – the first person singular present tense form of the verb **работать** – can, depending on the context, mean 'I work' or 'I am working'. Russian verbs only conjugate in the non-past (see Unit 10 for formation of past tense).

All Russian verbs belong to either the first or second conjugation. It is not always possible to predict from an infinitive to which conjugation a verb belongs. For example, while the vast majority of verbs ending in **-ать** are first conjugation, some, such as **лежать**, belong to the second conjugation. Similarly, while the vast majority of verbs ending in **-ить**, such as **говорить**, belong to the second conjugation, some, such as **пить**, belong to the first conjugation.

The full present tense endings (with corresponding pronouns) for first conjugation verbs are:

Person		Singular		Plural
First	я	-ю/у	мы	-ем
Second	ты	-ешь	вы	-ете
Third	он/она/оно	-ет	они	-ют/ут

The conjugation of a verb can be established beyond doubt by identifying the vowel which comes before the personal ending in all persons of the present conjugation except the first person singular and third person plural. In the first conjugation this vowel is **-е**; for example, in the verb **делать** — 'to do, to make':

я	дела-ю	мы	дела-е-м
ты	дела-е-шь	вы	дела-е-те
он/она/оно	дела-е-т	они	дела-ют

Notes on first conjugation verbs.

- When the present tense stem ends in a vowel (дела-), the first person singular and third person plural endings are -ю and -ют respectively. Where it ends in a consonant (ед-), the first person singular and third person plural endings are -у and -ут respectively:

	Vowel ending	Consonant ending
	делать	ехать
я	дела-ю	ед-у
ты	дела-ешь	ед-ешь
он/она/оно	дела-ет	ед-ет
мы	дела-ем	ед-ем
вы	дела-ете	ед-ете
они	дела-ют	ед-ут

- As can be seen from the example of **ехать**, it is not always possible to predict from the infinitive whether the present tense stem is a vowel or a consonant. To establish this, it is enough to know any form of the verb in its conjugated form. For example, the present stem of **ехать** is ед-.
- When the stress falls on the verbal ending the vowel -ё (as opposed to -e) is inserted before the personal endings:

	идти		
я	ид-у́	мы	ид-ём
ты	ид-ёшь	вы	ид-ёте
он/она/оно	ид-ёт	они	ид-у́т

Consonant mutation in verbs: In many verbs, the consonant or consonants found in the infinitive stem change, or 'mutate', in a predictable way to other consonants in the present stem. The changed consonant occurs in *all* persons of first conjugation verbs in the present; for example:

- -с- in the infinitive changes to -ш- in the present stem:

с → ш   пис-ать   пиш-у, пиш-ешь, . . . пиш-ут
         'to write'   'I, you, . . . they write (are writing)'

- -к- in the infinitive changes to -ч- in the present stem:

к → ч   плак-ать   плач-у, плач-ешь, . . . плач-ут
         'to cry'   'I, you, . . . they cry (are crying)'

Reflexive verbs: Verbs whose infinitive is followed by the reflexive suffix **-ся** are conjugated in the same way as other verbs. When the verb form ends in a consonant **-ся** is added, when it ends in a vowel **-сь** is added; for example: **заниматься** — 'to be involved, busy, occupied (with)'

я	занима-ю-сь	мы	занима-е-м-ся
ты	занима-е-шь-ся	вы	занима-е-те-сь
он/она/оно	занима-е-т-ся	они	занима-ю-т-ся

Exercise 1

Supply appropriate endings to the following verbs.

Model: Я чита_.
          Я читаю.

1 Я работа_.
2 Ты чита_?
3 Она плава_.
4 Он бега_.

5 Мы отдыха_.
6 Вы работа_?
7 Они чита_.
8 Я загора_.

Exercise 2

Answer the following questions according to the model.

Model: — Ты сейчас работаешь?
          — Да, работаю/Нет, не работаю.

1 Ты сейчас читаешь? Да, __.
2 Катя сейчас отдыхает? Да, __.
3 Петя сейчас бегает? Да, __.

4 Дети сейчас плавают? Нет, __.
5 Раиса сейчас читает? Нет, __.
6 Вы сейчас работаете? Да, __.

Exercise 3

Insert one of the verbs **читать, слушать** or **играть** in the appropriate form into the spaces provided.

Model: Я — роман.

       Я **читаю** роман.

1 Вы — радио.
2 Она — текст.
3 Я — письмо.
4 Ты — в шахматы.
5 Мы — книги.
6 Они — концерт.

7 Ты — журнал.
8 Мы — в карты.
9 Они — в библиотеке.
10 Он — музыку.
11 Вы — в футбол.
12 Я — детективы.

Exercise 4

Insert one of the verbs **жить**, **писать** or **петь** in the appropriate form into the spaces provided.

Model: Я — в Москве.

       Я **живу** в Москве.

1 Вы — песни.
2 Она — в Лондоне.
3 Я — письмо.
4 Ты — в рокгруппе.
5 Мы — в Токио.
6 Он — книги.
7 Ты — статьи.

8 Мы — в хоре.
9 Они — в концертном зале.
10 Он — на втором этаже.
11 Вы — старые романсы.
12 Они — в двухкомнатной квартире.

Exercise 5

Supply the appropriate pronoun subject and a suitable verb from the list supplied below.

Model: — —ёт в Москве.

       Он(а) живёт в Москве.

Verbs: загорать, играть, петь, писать, слушать, плавать, обедать, отдыхать, убирать, гулять, работать, читать

1 — —ет на заводе.
2 — —ю в парке.
3 — —ем в бассейне.
4 — —ете на турбазе.
5 — —ешь в библиотеке?
6 — —ют в ресторане.

7 — —ешь концерт по радио?
8 — —ем в футбол в субботу.
9 — —у письмо маме.
10 — —ют на пляже.
11 — —ет квартиру каждый день.
12 — —ём в рокгруппе.

Exercise 6

Supply the questions to which the following sentences are answers. Use the verbs listed below.

Model: _ _ _ — В парке.
  Где ты бегаешь? — В парке.

Verbs: жить, загорать, обедать, отдыхать, петь, плавать, читать

1 — В библиотеке.
2 — В бассейне.
3 — На пляже.
4 — В буфете.

5 — В двухкомнатной квартире.
6 — На турбазе.
7 — В хоре.

Exercise 7

Supply an appropriate pronoun subject in the following sentences.

1 __ катаемся на лодке.
2 __ купаются в море.
3 __ работаю на заводе.

4 Чем __ занимаешься?
5 Где __ встречаетесь?
6 __ купаетесь в бассейне?

UNIT SIX
Talking about oneself

- The present tense (second conjugation)
- Consonant mutation in verbs

As explained in Unit 5, the Russian present tense corresponds to the English present simple and present continuous, so that, for example, **смотрит** – the third person singular of the present tense of the second conjugation verb **смотреть** – can mean either 'we watch' or 'we are watching'.

All verbs belong either to the first or second conjugation. The vast majority of verbs ending in **-ить**, such as **говорить** — 'to speak, say', belong to the second conjugation, though a few, such as **пить** — 'to drink', belong to the first. While the vast majority of verbs ending in **-ать** belong to the first conjugation (see Unit 5), some, such as **лежать**, belong to the second.

The full present tense endings for second conjugation verbs are:

Person		Singular		Plural
First	я	-ю/у	мы	-им
Second	ты	-ишь	вы	-ите
Third	он/она/оно	-ит	они	-ят/ат

As mentioned in Unit 5, the conjugation of a verb can be established beyond doubt by identifying the vowel which comes before the personal ending in all persons of the present conjugation except the first person singular and third person plural. In second conjugation verbs this vowel is **-и**; for example **говорить** — 'to speak, say':

я	говор-ю	мы	говори-м
ты	говори-шь	вы	говори-те
он/она/оно	говори-т	они	говоря-т

Note on second conjugation verbs: In Russian orthography there is a spelling rule whereby the letters г, к, х, ж, ч, ш and щ are never followed by ы, ю or я.

This rule affects the spelling of second conjugation verbs whose present stem ends in ж, ч, ш or щ. In such verbs, the first person singular ends in -y (never -ю), while the third person plural ends in -aт (never -ят). For example:

	Stem ending in ж	Stem ending in ш
	леж-ать — 'to lie, be lying down'	слыш-ать — 'to hear'
я	леж-у	слыш-у
ты	леж-ишь	слыш-ишь
он/она/оно	леж-ит	слыш-ит
мы	леж-им	слыш-им
вы	леж-ите	слыш-ите
они	леж-ат	слыш-ат

Consonant mutation in verbs: In many verbs, the consonant or consonants found in the infinitive stem change, or 'mutate', in a predictable way to other consonants in the present stem. In the second conjugation this consonant mutation takes place *only* in the first person singular; for example:

- -c- in the infinitive changes to -ш- in the present stem:

  с → ш нос-ить   нош-у, нос-ишь, . . . нос-ят
          'to carry'   'I, you, . . . they carry (are carrying)'

- -д- in the infinitive changes to -ж- in the present stem:

  д → ж ход-ить   хож-у, ход-ишь, . . . ход-ят
          'to go'   'I, you, . . . they walk (are walking)'

- -т- in the infinitive changes to -ч- in the present stem:

  т → ч платить   плач-у, плат-ишь, . . . плат-ят
          'to pay'   'I, you, . . . they pay (are paying)'

Second conjugation verbs with an infinitive stem ending in one of the following consonants insert -л- in the first person singular only of the present stem: б, в, м, п, ф.

люб-ить   любл-ю, люб-ишь, . . . люб-ят
'to love, like'   'I, you, . . . they love (are loving)'

сп-ать   спл-ю, сп-ишь, . . . сп-ят
'to sleep'   'I, you, . . . they sleep (are sleeping)'

Exercise 1

Supply appropriate endings to the following verbs.

Model: Я смотр_.
        Я смотрю.

1 Я говор__.
2 Ты кур_?
3 Он готов_ ужин.
4 Она сид_ дома.

5 Мы смотр_ телевизор.
6 Вы сид_?
7 Вы готов_ ужин?
8 Они смотр_ телевизор.

Exercise 2

Supply an appropriate pronoun subject.

Model: __ смотрю.
       Я смотрю.

1 __ готовит ужин.
2 __ смотрим телевизор.
3 __ говорю по телефону.

4 __ сидят дома.
5 __ курят.
6 __ сижу дома.

Exercise 3

Insert one of the verbs **смотреть** or **говорить** in the appropriate form into the spaces provided.

Model: Я __ новости.
       Я смотрю новости.

1 Вы __ телевизор.
2 Она __ по-русски?
3 Я __ в окно.
4 Ты __ тихо.
5 Мы __ по-английски.

6 Мы __ фильм.
7 Они __ по телефону.
8 Он __ пьесу.
9 Я __ футбол по телевизору.
10 Он медленно __.

Exercise 4

Insert one of the verbs **готовить, ходить** or **платить** in the appropriate form into the spaces provided.

Model: Я __ в кино.
       Я хожу в кино.

1 Вы __ в театр?
2 Она __ ужин.
3 Я __ урок.
4 Ты __ в кассу.
5 Мы __ за квартиру.
6 Я __ в университет.

7 Ты __ в библиотеку?
8 Мы __ на занятия.
9 Они __ завтрак.
10 Он __ за билет.
11 Вы __ обед.
12 Они __ в магазин.

UNIT SEVEN
Revision Unit

Exercise 1

Supply the missing letters. The number of dashes indicates the number of letters which have been omitted.

1 Где здесь метро? Вот ＿＿＿.
2 ＿＿＿ Катя? ＿＿＿ студентка.
3 Кто она так＿＿? Он＿ журналистка.
4 ＿＿＿ Мария? Да, Мария.
5 ＿＿＿ студентка? ＿＿＿, она балерина.
6 Кто такой Зюганов? ＿＿ коммунист.
7 Это ＿＿＿ учитель? Да, ваш.
8 ＿＿＿ это деньги? ＿＿＿ мои.
9 Где ваш＿ родител＿? Они дома.
10 Чьё ＿＿＿ место? Тв＿＿? Нет, не ＿＿＿, а тв＿＿.
11 Где мо＿ словарь? Вот ＿＿.
12 Где здесь Красн＿＿ площадь? ＿＿＿ там.
13 Кто он＿ такие? Он＿ музыкант＿.
14 Он кто так＿＿? Инженер? Да, инженер.
15 Он＿ студенты? Да, студенты.
16 Кто он＿ такая? Он＿ врач.

Exercise 2

Express where each of the following activities is likely to take place. Select the places from the list supplied below.

Places: завод, хор, море, стадион, парк, общежитие, театр, аудитория, библиотека, больница

1 Певица поет в ＿.
2 Врач работает в ＿.
3 Дети гуляют в ＿.
4 Туристы отдыхают на ＿.
5 Актёр играет в ＿.
6 Студенты живут в ＿.

7   Профессор читает лекции в __.   9   Студенты читают книги в __.
8   Футболист играет в футбол на__.   10 Инженер работает на __.

Exercise 3

Complete the following sentences by selecting the appropriate places from the list supplied below.

Places: библиотека, газета, гостиница, деревня, магазин, поликлиника, улица, университет, школа, юг

1 Он врач. Работает в __.
2 Она студент. Учится в __.
3 Я турист. Живу в __.
4 Я журналист. Работаю в __.
5 Я кассирша. Работаю в __.
6 Они колхозники. Живут в __.
7 Дети учатся в __.
8 На __ идёт дождь.
9 В __ люди читают, а не разговаривают.
10 Летом мы всегда отдыхаем на __.

Exercise 4

Complete the following table.

		я	он
1	читать книгу		
2			гуляет в парке
3		плаваю в бассейне	
4	слушать музыку		
5			ходит в кино
6		пою песню	
7		играю в теннис	
8	смотреть телевизор		
9			ездит на дачу
10		болтаю по телефону	
11			загорает на пляже
12	любить читать		
13		убираю комнату	
14			учит грамматику
15	ловить рыбу		

16 обедать в ресторане
17   живу в Москве
18   работаю на заводе
19   отдыхает на юге
20 писать письмо
21   учится в институте
22   строит новый дом
23 готовить обед
24 лежать в больнице
25   плачу за билет

Exercise 5

Insert the appropriate personal pronoun in the gaps provided.

1 Что __ изучаешь?   4 Где __ была?
2 __ любят заниматься дома?   5 __ мой брат.
3 __ готовит ужин.   6 __ люблю ходить в кино.

Exercise 6

Supply the missing letters. The number of dashes indicates the number of letters which have been omitted.

1 Где ты жив___? Я жив_ в Москв_.
2 Где __ работаешь? _ преподаю в Московском университет_.
3 Где вы отдых____? Летом __ отдыхаем на дач_, а зимой __ юге.
4 Что __ сейчас делаешь? Работа_ в университете.
5 Где работа__ Саша? В Москв_.
6 Что вы чита___? Читаю русский роман.
7 Где обычно отдыха__ Таня? __ юге.
8 Где вы обычно плава___? В мор_.
9 Что ___ сейчас делает? ___ поё_.
10 Что __ делаете на юге? __ купаемся в море, загор___ на пляж_, катаемся на лодк_ и игр___ в волейбол.

Exercise 7

In the following sentences insert an appropriate verb from the list supplied below.

Verbs: закрываться, кончаться, называться, начинаться, открываться

1 Эта улица __ от площади Свободы.
2 Рабочий день __ в 5 часов вечера.

3   Как — эта станция метро?
4   Магазин — на обед в час дня.
5   Выставка — в 10 часов утра.

Exercise 8

Match the following questions and answers.

1	Где работает Раиса?	а	Русский роман.
2	Что читает Владимир?	б	Беловы.
3	Кто отдыхает на юге?	в	Обедает.
4	Что делает Боря?	г	В центре.

1	Где плавает Маша ?	а	Я.
2	Что делает Миша?	б	В бассейне.
3	Где она читает?	в	Бегает в парке.
4	Кто знает?	г	Дома.

1	Где ты учишься?	а	Да.
2	Что ты делаешь?	б	Ничего.
3	Кто здесь курит?	в	В МГУ.
4	Боря строит новый дом?	г	Лидия Фёдоровна.

1	Где Миша?	а	Миша.
2	Кто готовит ужин, Соня?	б	Нет, никогда.
3	Миша часто смотрит телевизор?	в	Нет, Миша.
4	Кто здесь говорит по-русски?	г	Он строит дачу.

Exercise 9

Select answers to the following questions from the words listed in the right-hand column.

1	Как называется самый большой океан?	а	Байкал.
2	Как называется самое большое озеро в Сибири?	б	ГУМ.
		в	Киев.
3	Как называется столица России?	г	Красная.
4	Как называется главная улица в Санкт-Петербурге?	д	Москва.
		е	Нева.
5	Как называется главная площадь в Москве?	ж	Невский проспект.
6	Как называется универсальный магазин на Красной площади?	з	Тихий.
7	Как называется столица Украины?		
8	Как называется река в Санкт-Петербурге?		

UNIT EIGHT
When we do things

- Adverbials of time
- Frequency
- Points in time
- The negative adverb **никогда (не)**

Adverbials of time: Adverbials of time are words and phrases which express when something happened. In this unit we look at two types of adverbials of time: those expressing how often something happened (frequency) and those expressing the point in time at which something happened.

Frequency: The ways of expressing the notion of frequency in Russian include using an adverb (**часто, редко** — 'often, rarely'), an adverbial phrase (**каждый день, каждый вечер** — 'every day, every evening') or a negative adverb (**никогда (не)** — 'never').

Adverbials of time normally precede the verb they modify:

Я часто хожу в кино	'I often go to the cinema'
Она каждый день смотрит телевизор	'She watches television every day'
Они никогда не ужинают в ресторане	'They never dine out in a restaurant'

If placed elsewhere in the sentence, the adverb is thrown into sharp relief: **Она смотрит телевизор каждый день.** 'She watches television every day.' (with emphasis on 'every day'). English often expresses emphasis by using an emphatic word, e.g. 'every single day' where Russian uses word order. (See Unit 11 for a discussion of word order in Russian).

Points in time: To express at what time of day or in what season of the year something happened, the following adverbs can be used:

утром, днём, вечером, ночью	'in the morning, in the day, in the evening, at night'
весной, летом, осенью, зимой	'in the spring, summer, autumn, winter'

The negative adverb **никогда (не)**: The adverbial of time **никогда** ('never') can stand alone as, for example, in response to a question:

Ты был в Москве? Никогда	'Have you been to Moscow? No, never'

When used with a verb, the verb must also be put in the negative:

Я никогда не был в Москве.   'I have never been to Moscow.'
Она никогда не ходит в театр.   'She never goes to the theatre.'

Note that in Russian two negatives do not make a positive.

Exercise 1

Supply the missing words according to the two models.

Model: 1   Я не люблю путешествовать. Я никогда не путешествую.
         2   Я люблю путешествовать. Я часто путешествую.

1   Я __ люблю слушать музыку. Я никогда не слушаю музыку.
2   Я люблю ходить в кино. Я __ хожу в кино.
3   Я не люблю читать детективы. Я __ читаю детективы.
4   Я __ играть в футбол. Я часто играю в футбол.
5   Я люблю смотреть ТВ. Я __ смотрю ТВ.
6   Я не люблю __ на дачу. Я никогда __ езжу на дачу.
7   Я __ люблю убирать комнату. Я __ не убираю комнату.
8   Я не __ учить грамматику. Я никогда не учу грамматику.
9   Я люблю __ на лыжах. Я __ катаюсь на лыжах.
10 Я __ люблю загорать на пляже. Я никогда __ загораю на пляже.
11 Я люблю болтать по телефону. Я __ болтаю по __.
12 Я __ купаться в море. Я часто купаюсь __ море.

Exercise 2

Answer the following questions according to the model.

Model: — Вечером я люблю ходить по городу, а ты? (смотреть
           телевизор)
         — А я люблю смотреть телевизор.

1   Вечером я люблю ходить в кино, а он? (заниматься дома)
2   Утром Таня любит плавать, а ты? (спать)
3   Вечером мы любим сидеть дома, а вы? (мы: танцевать)
4   Вечером родители любят работать, а сын? (ходить в кино)
5   Утром я люблю спать, а ты? (бегать)
6   Утром ты любишь заниматься дома, а муж? (писать)

Exercise 3

Construct sentences according to the model.

Model: зимой: ходить в кино/летом: плавать
        Зимой я люблю ходить в кино, а летом плавать.

1 утром: работать/вечером: отдыхать
2 вечером: смотреть телевизор/утром: спать
3 зимой: бегать/летом: плавать
4 утром: читать/вечером: писать
5 летом: отдыхать на юге/зимой: сидеть дома
6 утром: работать дома/вечером: ходить в кино

Exercise 4

Complete the sentences below by inserting the day of the week in the accusative case. Use the information supplied in this diary page:

пн	кинотеатр «Россия»	сб	концертный зал имени Чайковского
вт	стадион «Динамо»		
ср	театр на Таганке	вс	центральный парк культуры и отдыха имени М. Горького
чт	Яузский лесопарк		
пт	Третьяковская галерея		

1 В __ мы идём на выставку икон.
2 Во __ мы идём на матч.
3 В __ мы идём кататься на коньках.
4 В __ мы идём на фильм «Сын за отца».
5 В __ мы идём на пьесу Островского.
6 В __ мы идём на концерт органной музыки.
7 В __ мы идём гулять по лесу.

Exercise 5

Supply the missing letters. The number of dashes indicates the number of letters which have been omitted.

1 Ты люб___ плавать лет__?
2 Утром я люблю работ___, а вечер__ я люблю отдых___.
3 Я любл_ бег___ осень_.
4 Лет__ я люб__ плавать.
5 Т_ любишь ход___ в кино весн__?
6 Вечером _ люблю сидеть дома.
7 Ты люб___ ездить на дачу? __, люб__.
8 Что __ любишь делать вечером? Смотр___ ТВ и чит___ газеты.
9 Он ча ___ ходит в кино? ___, никогда.
10 Вы люб___ играть в карты? Да, люб__. __ часто играем вечером.
11 Что люб__ делать Ельцин летом? Игр___ в шахматы? Нет, он __ любит играть в шахматы, _ любит играть в теннис.
12 Они люб__ плавать? Да, люб__. Они часто ходят в бассейн.
13 Он любит убир___ квартиру? Нет, __ любит.

14 __ часто играешь в теннис? Да, часто. Но только лет__.
15 Что она любит смотреть по телевизору? Спортивные передачи? Нет,
   __ спортивные передачи, _ документальные фильмы.

Exercise 6

Supply the appropriate pronoun subject and a suitable verb from the list
supplied below.

Model: __ __ят по-русски.
         Они говорят по-русски.

Verbs: лежать, ловить, ходить, любить, сидеть, смотреть, платить,
строить, учиться, готовить, говорить

1 __ __лю кататься на лыжах.
2 __ никогда не __ит телевизор.
3 __ __ишь в больнице.
4 Летом __ __ит рыбу.
5 __ __ят новый дом.
6 __ __им по-английски.
7 __ часто __у в театр.
8 __ __ят $400 в месяц за квартиру.
9 __ __имся в университете.
10 Вечером __ __ит уроки.
11 __ __ят по-русски.
12 __ __ите дома.

Exercise 7

Supply appropriate words in the gaps to enquire and express how often
people do things.

Model: — Ты __ смотришь телевизор? — Да, __ день.
         — Ты часто смотришь телевизор? — Да, каждый день.

1 Он __ сидит дома? Да, __ вечер.
2 Они __ день смотрят телевизор? Нет, __.
3 Вы часто курите дома? __, никогда.
4 Ты __ готовишь ужин? Да, __ вечер.
5 Иван часто ловит рыбу? __, редко.
6 Она часто говорит по телефону? __, часто.
7 Ты __ вечер дома? Да, каждый __.
8 Ты __ ездишь на дачу? Да, часто.
9 Бабушка __ ходит в театр? __, она редко ходит.

UNIT NINE
Interacting with the world about you

- Direct objects (accusative case)

Direct objects: The term direct object refers to the syntactic function a particular word or phrase has in the sentence. For instance, in the sentence 'John
hits Mary' one of the named people is doing the hitting (John) and in grammatical terms is referred to as the *subject* of the verb 'to hit'; one of the
named people is the object of John's aggression (Mary) and in grammatical
terms is referred to as the *direct object* of the verb 'to hit'.

In English it is the word order in the sentence which indicates *who* is performing the action (in the above instance this action is the hitting) and *whom*
or *what* they are acting upon. In the example this word order cannot be
changed without changing the meaning of the sentence: for English speakers
'John hits Mary' and 'Mary hits John' describe different events.

In Russian the function of differentiating between the *subject* and *direct
object* in a sentence is not performed by word order, but by case endings. The
subject is expressed by a noun, or noun phrase, in the nominative case,
whereas the object is expressed by a noun, or noun phrase, in the accusative
case. For example, in the sentence

Эту книгу пишет Лев Николаевич Поляков	'It is Lev Nikolaevich Polyakov who is writing this book'

the noun phrase **Лев Николаевич Поляков** is in the nominative case and
identifies the subject of the verb to write; whereas the noun phrase **эту книгу**
('this book') is in the accusative (see Appendix 1 for full details of the endings) and names the object that was written, despite being in initial position.
The function of word order like this in Russian is to focus on or emphasise
one item. This is discussed in Unit 11.

The direct object of masculine nouns is in the accusative case in Russian
only when it refers to an inanimate entity. For animate reference, see Unit 13.
Plurals: The accusative plural endings of inanimate nouns are identical to
the nominative plural endings. See Unit 1.

Exercise 1

Form sentences according to the model.

Model: Что ты делаешь? (читать + газета)
        Я читаю газету.

1 Что она делает? (читать + роман)
2 Что они делают? (смотреть + фильм)
3 Что вы делаете? ((я) покупать + сметана)
4 Что он делает? (слушать + музыка)
5 Что она делает? (курить + сигарета)
6 Что вы делаете? ((мы) готовить + ужин)

Exercise 2

Answer the following questions according to the model.

Model: Он сыр покупает? (салат)
        Нет, салат.

1 Она газету читает? (журнал)
2 Вы новости слушаете? (музыка)
3 Он завтрак готовит? (обед)
4 Ты радио слушаешь? (концерт)
5 Она роман читает? (письмо)
6 Он сыр покупает? (сметана)

Exercise 3

Supply appropriate objects from the list below.

Model: — Что ты пишешь? — Письмо

Objects: «Война и мир», народная музыка, новые слова, овсяная каша, своя комната, спортивная передача

1 Что ты читаешь?   4 Что ты слушаешь?
2 Что ты смотришь?   5 Что ты ешь на завтрак?
3 Что ты убираешь?   6 Что ты учишь?

Exercise 4

Insert the missing words in the following dialogues according to the pattern of the model.

Model: — Что ты читаешь?
       — Исторический __
       — Ты любишь читать __ романы?
       — Да, люблю.

       — Что ты читаешь?
       — Исторический роман.
       — Ты любишь читать исторические романы?
       — Да, люблю.

1 — Что ты смотришь? — Документальный __
   — Ты любишь смотреть __ фильмы? — Да, люблю.
2 — Что ты поёшь? — __ песню.
   — Ты любишь петь народные __ ? — Да, люблю.
3 — Что ты слушаешь? — Спортивную __
   — Ты любишь слушать __ передачи? — Да, люблю.
4 — Что ты читаешь? — __ книгу о Москве
   — Ты любишь читать новые __ о Москве? — Да, люблю.
5 — Что ты пишешь? — __ письмо.
   — Ты любишь писать длинные __ ? — Да, люблю.
6 — Что ты читаешь? — Русскую __
   — Ты любишь читать __ газеты? — Да, люблю.

Exercise 5

Supply appropriate objects from the list below. Complete the sentences using first the singular and then the plural forms of the direct objects.

Model: Писатель пишет __
       Писатель пишет роман. Писатель пишет романы.

Objects: билет, дача, квартира, лекарство, лекция, машина, медаль, операция, песня, письмо, статья, урок, фильм, экзамен

1 Певица поёт __   8 Студент сдаёт __
2 Строитель строит __   9 Больной принимает __
3 Профессор читает __   10 Почтальон приносит __
4 Домохозяйка убирает __   11 Учитель даёт __
5 Журналист пишет __   12 Чемпион получает __
6 Шофёр водит __   13 Режиссёр снимает __
7 Билетёрша проверяет __   14 Врач делает __

UNIT TEN
Talking about the past

- The past tense
- The negative pronoun **ничего (не)**

The past tense: As with the present tense, the Russian past tense has only one form. Thus, for example, **работал** – the first person singular, masculine, past tense form of the verb **работать** 'to work' – can have several meanings in English. Depending on the context, it can mean 'I worked', 'I was working', 'I have worked', 'I have been working', 'I had worked' or 'I had been working'.

The past tense of verbs whose infinitive ends in **-ть** is formed by removing the **-ть** and adding the following endings:

-л	for the masculine	**-ло**	for the neuter
-ла	for the feminine	**-ли**	for the plural

In the singular the past tense ending must agree in number and gender with the subject. In the plural it agrees in number only and gender is not indicated. Thus, if a man is asking a question of a woman, the verb takes a feminine ending:

Ты была на концерте? Да, была. 'Were you at the concert? Yes, I was.'

If the formal **Вы** ('you' plural or polite 'you') is used, then the verb takes a plural ending, and the gender of the subject is not indicated:

Вы были на концерте? Да, была. 'Were you at the concert? Yes, I was.'

Examples of the formation of the past tense are as follows:

	делать	ходить
Masculine	(я, ты, он) делал	(я, ты, он) ходил
Feminine	(я, ты, она) делала	(я, ты, она) ходила
Neuter	(оно) делало	(оно) ходило
Plural	(мы, вы, они) делали	(мы, вы, они) ходили

- *Reflexive verbs*: As in the present tense, the reflexive suffixes **-ся** and **-сь** are added on to the verb: when the verb ends in a consonant **-ся** is added and when the verb ends in a vowel **-сь** is added:

он родился, она родилась, они родились	'he was born, she was born, they were born'

- *Irregular past tense forms*: There is a small number of verbs whose masculine past tense form does not end in an **-л**: **он мог** — 'he could', **он умер** — 'he died'. These are listed along with other verbs in Appendix 4.

The past tense of **идти** and its compounds is irregular: **идти: он шёл, она шла, они шли; пойти: он пошёл, она пошла, они пошли.**

The indefinite negative pronoun **ничего** (**не**) (*'nothing'*): This can be used on its own as, for example, in response to a question: **Что ты сказала? Ничего.** — 'What did you say? Nothing.' When used with a verb (predicate), the verb must be negated with the negative particle **не**, as, for example, when **ничего** is the direct object:

Что ты сказала? Я ничего не сказала.	'What did you say? I didn't say anything.'

(Compare with **никогда** (**не**) in Unit 8.)

Exercise 1

Complete the following table.

	Past tense		
Infinitive	*Masculine* он	*Feminine* она	*Plural* они
1	занимался		
2		училась	
3 жить			
4		писала	
5	играл		
6			любили
7 танцевать			
8		купалась	
9			гуляли
10 петь			
11			работали
12	умер		

Exercise 2

Put the verbs in brackets into the correct form.

Model: Валентина (петь) в хоре.
         Валентина пела в хоре.

1   Маша вчера (смотреть) телевизор.
2   Иван вчера (читать) книгу.
3   На прошлой неделе мы (быть) в Москве.
4   Мы вчера (слушать) музыку.
5   В прошлом году я (отдыхать) на юге.
6   Они вчера (бегать) в парке.

Exercise 3

Answer the following questions.

Model: Вы вчера ходили в кино? (Да/Нет)
         Да, ходил./Нет, не ходил.

1   Он вчера ходил в университет? (Да)
2   Ты вчера курила? (Нет)
3   Она вчера была в Москве? (Да)
4   Ты вчера читал роман? (Нет)
5   Она вчера смотрела телевизор? (Да)
6   Вы вчера плавали в бассейне? (мы: Нет)

Exercise 4

Transpose the following sentences from the present to the past as in the model.

Model: Сейчас дождь. (вчера)
         Вчера был дождь.

1   Она дома. (вчера)
2   Он в Москве. (на прошлой неделе)
3   Сейчас снег. (в прошлом году)
4   Сегодня матч. (на прошлой неделе)
5   Сейчас занятия. (вчера)
6   Сейчас лекция. (вчера)

Exercise 5

Answer the following questions according to the model.

Model: Они знают Дублин? (жить)
        Да, они там жили.

1 Вы знаете этот бассейн? (я: плавать)
2 Он знает Москву? (быть)
3 Она знает этот парк? (быть)
4 Она знает город? (жить)
5 Они знают Крым? (отдыхать)
6 Вы знаете Эдинбург? (я: жить)

Exercise 6

Put the words in brackets in the correct form. Then rewrite the dialogue where the **вы** in the first question refers to **Соня**.

— Иван, где вы были вчера?
— Я (быть) дома.
— А что вы там (делать)?
— Я (читать) и (смотреть) телевизор.

Exercise 7

Insert an appropriate verb into the gaps provided. Select the verbs from the list below.

Model: Что он __? Роман.
        Что он читал? Роман.

Verbs: плавать, писать, отдыхать, быть, говорить

1 Что Вы __? Письмо.
2 Где они __? На юге.
3 Где вы__? В море.

4 Кто там __? Маша и Серёжа.
5 Ты __ по телефону? Да.

Exercise 8

Insert past tense appropriate endings onto the verbs in the following sentences. The number of dashes indicates the number of letters omitted.

1 Мы с Иваном встрет_____ в Москве.
2 Она род_____ в Твери.
3 Когда нач_____ пьеса?
4 Они пожен_____ в прошлом году.
5 Лекция конч_____ в 10 часов.

Exercise 9

In the following sentences insert an appropriate verb in the past tense from the lists supplied at the beginning of each section. The verbs are supplied in the appropriate aspect.

Verbs 1: кончиться, называться, начаться, открыться, родиться

1 Вчера ___ новый учебный год.
2 Собрание ___ в 4 часа.
3 Раньше эта улица ___ иначе.

4 Вчера у моего друга ___ дочь.
5 ___ дверь и вошёл милиционер.

Verbs 2: вернуться, встречаться, договориться, жениться, заниматься, кататься, купаться, ложиться, садиться

1 Всю жизнь он поздно ___ и рано вставал.
2 Вчера вечером он ___ в библиотеке.
3 Вчера мы с отцом долго ___ на лодке.
4 Вы ___ с Виктором, где мы встретимся?
5 Иван ___ на моей сестре.
6 Каждый день они ___ за обед в 4 часа.
7 Когда ты ___? Поздно, часов в десять.
8 Летом они каждый день ___ в море.
9 Я давно не ___ с Иваном.

Exercise 10

Make question and answer exchanges according to the model.

Model: ты: есть

       Что ты ел? Я ничего не ел.

1 он: сказать
2 она: купить
3 вы: слушать (мы)

4 они: делать
5 он: готовить
6 они: петь

UNIT ELEVEN
Emphasising

• Word order

The underlying principle governing word order in Russian is that given or known information precedes new information.

The position of the subject and predicate: The normal, or unmarked, word order for sentences composed of a subject and a predicate is for the subject to precede the predicate. Therefore, the normal word order for sentences composed of a subject and a verb is for the subject to precede the verb. In these sentences the predicate (verb) represents 'new' information, while the subject is 'given' information (i.e., assumed, or known by both parties in the conversation).

Что делали дети?	Дети	играли.
	given	new
'What were the children doing?'	'The children were playing.'	

The position of the subject and verb is reversed when the verb represents given information, and the subject new information:

Кто играл?	Играли	дети.
	given	new
'Who was playing?'	'The children were playing.'	
	('It was the children who were playing.')	

The position of the subject and predicate when the predicate is an adverbial of place: Where the adverbial of place is the new information requested, it comes after the subject:

Где деньги?	Деньги	на столе.
	given	new
'Where's the money?'	'The money's on the table.'	

The position of the subject and adverbial of place is reversed when it is the subject that is carrying the new information:

Что на столе?	На столе	деньги.
		given	new

'What's on the table?'   'There's money on the table.'

The position of the subject and predicate when the predicate contains an adverbial of time: Adverbials of time usually precede the verb, or verb phrase, they modify: **Я часто ужинаю в ресторане.** — 'I often dine in a restaurant.' If placed after the verb, the adverb is thrown into sharp relief: **Я ужинаю часто в ресторане.** — 'I (very) often dine in a restaurant.'

Как часто ты ужинаешь дома?	Я ужинаю дома	каждый вечер.
	given	new

'How often do you dine at home?'   'I dine at home every evening.'

Где ты обычно ужинаешь?	Я каждый вечер ужинаю	дома.
	given	new

'Where do you usually dine?'   'I dine every evening at home.'

The position of the object in a sentence: In situations where the speaker's purpose is to name an action and an object whose performer is known, the subject comes first, and the verb and object second.

Что делал Иван?	Иван	читал книгу.
	given	new

'What was Ivan doing?'   'Ivan was reading a book.'

Where the speaker's purpose is to report who (or what) is the performer of an action, the object and verb come first and the subject second.

Кто написал эту книгу?	Эту книгу написал	Лев Толстой.
	given	new

'Who wrote this book?'   'Lev Tolstoy wrote this book.'
('It was Lev Tolstoy who wrote this book.')

Exercise 1

Which questions, (a) or (b), do the sentences in the right-hand column answer?

1   a Кто приехал?   Брат читал.
    b Что делал брат?
2   a Кто отдыхал?   Отец отдыхал.
    b Что делал отец?
3   a Кто говорил по телефону?   Говорила мать.
    b Что делала мать?
4   a Что делали дети?   Дети играли.
    b Кто играл?

5 a Кто работал?   Все работали.
   b Что делали все?

Exercise 2

Which answers, (a) or (b), do the questions in the left-hand column elicit?

1 Кто написал «Войну и мир»?   a Лев Толстой написал «Войну и
                                    мир».
                                 b «Войну и мир» написал Лев
                                    Толстой.
2 Что ты купил?   a Я купил хлеб.
                                 b Хлеб купил я.
3 Кто основал Петербург?   a Петербург основал Пётр Первый.
                                 b Пётр Первый основал Петербург.
4 Что написал Иван Тургенев?   a Роман «Отцы и дети» написал
                                    Иван Тургенев.
                                 b Иван Тургенев написал роман
                                    «Отцы и дети».
5 Кто остановил машину?   a Милиционер остановил машину.
                                 b Машину остановил милиционер.
6 Что издаёт «Русский язык»?   a «Русский язык» издаёт словари.
                                 b Словари издаёт «Русский язык».
7 Кто отправил письмо?   a Письмо отправила секретарша.
                                 b Секретарша отправила письмо.

Exercise 3

Answer the following questions using the words and phrases supplied in brackets.

1 Что делает бывший чемпион?   (тренирует, бывший чемпион, нашу
                                    команду)
2 Кто будет читать лекции?   (будет читать, лекции, профессор Н)
                                 (принёс, почтальон, почту)
3 Что принёс почтальон?   (делает, врач, операцию)
4 Кто делает операцию?   (основал, город Ярославль, князь
5 Кто основал город   Ярослав Мудрый)
   Ярославль?   (передал, Саша, эту книгу)
6 Что передал Саша?

Exercise 4

Match the following questions and answers:

1	Она русский изучает?	а	Нет, журнал.
2	Она письмо читает?	б	Нет, завтрак.
3	Она химию изучает ?	в	Да, новости.
4	Он ужин готовит?	г	Нет, английский.
5	Вы новости слушаете?	д	Нет, сметану.
6	Он молоко покупает?	е	Нет, физику.

1	Кто читает газету?	а	Газету.
2	Что он делает?	б	Нет, читает газету.
3	Саша смотрит телевизор?	в	Он читает газету.
4	Газету читает Ира?	г	Саша.
5	Что он читает?	д	Нет, газету.
6	Он журнал читает?	е	Нет, Саша.

UNIT TWELVE
Revision Unit

Exercise 1

Put the words in brackets into the appropriate form.

Model: Он читал (письмо).
           Он читал письмо.

1 Она писала (роман).
2 Я читаю (газета).
3 Я покупала (учебники).
4 Мы смотрели (передача) по телевизору.
5 Они смотрели (новости).
6 Она покупала (мясо).

Exercise 2

Supply appropriate objects from the list above each exercise.

Model: Она смотрела ⎯.
           Она смотрела телевизор.

Objects 1: газета, комната, музыка, обед, хлеб, сигарета, фильм

1 Она убирала ⎯.
2 Она курила ⎯.
3 Он слушал ⎯.
4 Они смотрели ⎯.
5 Он готовил ⎯.
6 Ты читала ⎯?
7 Она покупала ⎯.

Model: — Ты писал ⎯⎯? — Да, писал.
           — Ты писал это письмо? — Да, писал.

Objects 2: горячий хлеб, грамматика, дача, квартира, эта картина, эта кассета, эта книга, этот фильм

1 Ты читал ___? Да, читал.   5 Ты ел ___? Да, ел.
2 Ты смотрел ___? Да, смотрел.   6 Ты рисовал ___? Да, рисовал.
3 Ты убирал __? Да, убирал.   7 Ты купил __? Да, купил.
4 Ты слушал ___? Да, слушал.   8 Ты учил __? Да, учил.

Exercise 3

Change the words in brackets where necessary.

1 Что лежит на столе? На столе лежит (книга).
2 Что она читала? Она читала (хорошая книга).
3 Что было в парке? В парке была (чёрная машина).
4 Что едет? Едет (машина).
5 Что она покупает? Она покупает (новая квартира).
6 Что это такое? Это (русская балалайка).
7 Что стояло в холодильнике? В холодильнике стояла (бутылка).

Exercise 4

Insert appropriate endings for the verbs. All the verbs are in the present tense.

Model: Он работа_ в Петербурге.
        Он работает в Петербурге.

1 Вечером я обычно сиж_ дома и смотр_ телевизор.
2 Летом мы всегда отдыха_ на юге. Там мы люб_ плавать.
3 Что вы тут дела_? Вы газету чита_?
4 Каждый день я слуша_ новости. Я очень любл_ слушать радио.
5 Она часто сид_ дома и чита_ романы.
6 Они утром бега_ в парке.

Exercise 5

Insert appropriate endings for the verbs.

Model: В прошлом году она (работать) в Петербурге, а теперь
        (работать) в Москве.
        В прошлом году она работала в Петербурге, а теперь работает
        в Москве.

1 Вчера Маша (работать), а сегодня она (сидеть) дома.
2 В прошлом году Ваня (отдыхать) на юге.
3 Вчера я (читать) роман, а теперь я (смотреть) телевизор.
4 Коля теперь (работать) в университете, а в прошлом году он
   (работать) в школе.
5 В прошлом году он не (бегать), а теперь он каждый день (бегать).
6 Она (курить), а теперь не (курить).

Exercise 6

Supply the correct endings. Can you guess who is who? Try to match the people on the list with those described.

Who they are: Ахматова, Нуриев, Сталин, Терешкова, Толстой, Фёдоров

1 Он род_ в Грузии. В детстве он ж_ в Грузии. Он уч_ в семинарии. Он работ_ в Москве в Кремле. Он ум_ на своей даче, под Москвой.
2 Он род_ в Сибири. В детстве и молодости он ж_ в Уфе. Он уч_ в школе Кировского балета в Ленинграде. Он работ_ во Франции, в Лондоне, в Вене и в США. Он ум_ в Париже.
3 Он род_ в Ясной Поляне. В детстве он ж_ в Ясной Поляне и в Москве. Он уч_ в Казанском университете. Он работ_ в Москве и в Ясной Поляне, где он пис_ романы. Он ум_ на станции Астапово.
4 Он род_ на Украине. В детстве он ж_ на Украине. Он уч_ в медицинском институте в Ростове-на-Дону. Он работ_ в Ростове-на-Дону, в Архангельске и теперь работает в научно-техническом комплексе «Микрохирургия глаза».
5 Она род_ в Одессе. В детстве она ж_ в Царском Селе. Она уч_ в Царском Селе и в Киеве. Она работ_ в Санкт-Петербурге, где она пис_ стихи. Она ум_ в Москве.
6 Она род_ в Ярославле. В детстве она ж_ в Ярославле. Она уч_ в школе космонавтов.

Exercise 7

Select appropriate verbs from the lists supplied above each exercise and insert them into the dialogues in the correct form.

Verbs 1: болеть, видеть, занять, лежать, найти, опоздать, прийти, сдать, слышать

1 — Боря! — Что? — Ты __? Вера __ экзамен.
2 — А вы свою книгу __? — Какую книгу? Ах да! Нашёл. Она так и __ на столе.
3 — Извините, я, кажется, __ ваше место.
4 — Виктор Владимирович, что-то я вас давно не __. Вы уезжали куда-нибудь? — Нет, Пётр Павлович, я __.
5 — Катя, ты уже здесь! Я не __? — Нет, не опоздала. Да и я только что __.

Verbs 2: вернуться, передать, сделать, читать, быть

1 — Почему вы не __ домашнее задание? — Я __ занят вчера вечером. Я поздно __ из центра.

2   — Вы __ эту книгу? — Да, читал, но очень давно.
3   — Николай! — Да? — Катя тебе __ вчера письмо? — Да, спасибо, __.

Exercise 8

Match the questions with the answers.

Questions 1:
1   Кто смотрел этот фильм?
2   Ты ходил в кино?
3   Где показывали фильм?
4   Какой был фильм?
5   Когда ты смотрел фильм?
6   Ты вчера в театр ходил?

Answers 1:
а   Да, ходил.
б   «Дядя Ваня».
в   Я.
г   Нет, в кино.
д   В кинотеатре «Космос».
е   Вчера.

Questions 2:
1   Кто играл?
2   Он играл в футбол?
3   Что делал брат?
4   Он играл в хоккей?
5   Когда играл брат?
6   Где играл брат?

Answers 2:
а   Брат играл.
б   Играл брат.
в   На стадионе.
г   Нет, в футбол.
д   Да, в футбол.
е   На прошлой неделе.

Questions 3:
1   Где был концерт, в театре?
2   Кто пел в концерте?
3   На каком стадионе был концерт?
4   Егор Летов пел?
5   Когда был концерт?
6   Концерт был весной?

Answers 3:
а   Нет, летом.
б   Летом.
в   Да, Егор Летов.
г   Нет, на стадионе.
д   В Лужниках.
е   Егор Летов.

UNIT THIRTEEN
Interacting with people

- Animate direct objects ('accusative-genitive')
- The negative pronoun **никто (не)**

Animate direct objects: The accusative form of a noun which refers to an animate being (people and animals) in some instances differs from the form used with nouns which refer to inanimate objects. One of the possible reasons for this is to help differentiate between the subject and the object of the verb. There is no difficulty distinguishing between the subject and object with feminine singular nouns as the nominative and accusative forms are always different:

| Анна | любит | Раису. | 'Anna loves (likes) Raisa.' |
| nominative | | accusative | |

| Анну | любит | Раиса. | 'Raisa loves (likes) Anna.' |
| accusative | | nominative | ('It is Raisa who loves (likes) Anna.') |

There is likewise no difficulty with nouns which end in **-а** or **-я** which refer to men, such as, for instance, many Russian diminutive names (**Паша, Саша, Ваня, Коля**) and words referring to family members (**дядя, дедушка** — 'uncle, grandfather').

| Анна | любит | Сашу. | 'Anna loves (likes) Sasha.' |
| nominative | | accusative | |

| Саша | любит | дядю. | 'Sasha loves (likes) (his) uncle.' |
| nominative | | accusative | |

However, the accusative of other masculine singular nouns and that of masculine and feminine plural nouns referring to people and animals need to be differentiated from the nominative form to avoid ambiguity. The forms used for animate direct objects are identical to the endings of nouns in the genitive case (see Unit 4). This form is sometimes referred to as the *accusative-genitive*.

| Павел | любит | Ивана. | 'Pavel loves (likes) Ivan.' |
| nominative | | accusative-genitive | |

| Ивана | любит | Павел. | 'Pavel loves (likes) Ivan.' |
| accusative-genitive | | nominative | ('It is Ivan whom Pavel loves (likes).') |

Adjectives modifying animate direct objects are also used in a form identical to the genitive form.

| **Она** | **любит** | **молодых людей.** | 'She loves (likes) young people.' |
| **Павел** | **любит** | **родного отца.** | 'Pavel loves his own father.' |

The formation of the accusative-genitive of animate nouns is illustrated in the tables in Appendix 1. The formation of the accusative-genitive of adjectives is illustrated in the tables in Appendix 2.

The indefinite negative pronoun **никто (не)** ('*no one*'): This can be used on its own as, for example, in response to a question: **Кто там был? Никто.** — 'Who was there? No one.' When used with a verb (predicate), the verb must be negated with the negative particle **не**, as, for example, when used as a subject:

Никто не видел Машу.   'No one has seen Masha.'

When **никто** is used as a direct object, it becomes **никого**:

Я никого не видел на выставке.   'I saw no one at the exhibition. I didn't see anyone at the exhibition.'

(Compare **никогда (не)** in Unit 8 and **ничего (не)** in Unit 10.)

Note that where **никто** is the subject of a sentence, the verb is masculine:

Никто не приходил на концерт. — 'No one came to the concert.'

Exercise 1

Put the words in brackets into the correct form.

Model: Вы видели (Катя)?
         Вы видели Катю?

1   А Юра знает (Костя)?
2   Ваню слушал (Костя).
3   Елену любит (Александр).
4   Кого ждала Людмила? (Ира)
5   Кого ты встречаешь? (Лиля)
6   Кого Филипп слушает? (Пугачёва)
7   Кто слушал Наташу? (Коля).
8   Лену кто любит? (Олег).
9   Маша кого любит? (Юра).
10   Мы очень любим (Иван).
11   Она слушала (Серёжа).
12   (Таня) ждал Саша.

Exercise 2

Put the words in brackets into the correct form.

Model: Ты знаешь (Иван)?
         Ты знаешь Ивана?

         Она хорошо знает (грамматика).
         Она хорошо знает грамматику.

1   Литературный институт готовит (писатели). Я готовил (ужин).
2   Ты встречал (Миша)? Где ты встречал (Новый год)?
3   Вы слушали (Олег)? Мы слушали (музыка).
4   Ты видел (преподаватель)? Он видел (спектакль).
5   Я люблю (Искандер). Ты любишь (опера)?
6   Он знает (ректор). Мы плохо знаем (Москва).

Exercise 3

Put the words in brackets into the correct form. Then replace each name in the sentences with its corresponding diminutive form from the list below.

Model: Я не люблю (Виталий)
          Я не люблю Виталия.
          Я не люблю Витю.

1   (Борис) встречал Анну в кафе.
2   (Владимир) всегда слушает папу.
3   Машу вчера видел (Александр).
4   Мы очень любим (Сергей).
5   (Николай) знает Люба.
6   Олю любит (Дмитрий).
7   Она слушает (Иван).
8   Ты не видел (Константин)?
9   Я долго ждал (Михаил).
10 Я знаю (Григорий).

Diminutive forms: Боря, Ваня, Володя, Гриша, Дима, Коля, Костя, Миша, Саша, Серёжа

Exercise 4

Answer the following questions in the singular and plural using the nouns supplied below.

Model: Кого слушают на концерте?
          На концерте слушают певицу.
          На концерте слушают певиц.

Answers: акробат, врач, депутат, инженер, певица, профессор, студент

1   Кого слушают студенты?
2   Кого учит профессор?
3   Кого приглашает на работу завод?
4   Кого ждёт больной?
5   Кого слушают в театре?
6   Кого смотрят в цирке?
7   Кого слушают в Думе?

Exercise 5

Following the example provided, connect the words, changing them where necessary, to find out what, whom or where people visited.

Model Москва – я – посетить – дом-музей Толстого.
       В Москве я посетил(а) дом-музей Толстого.

1 Врач – посетить – пациент.
2 Мы – посетить – больной друг – больница.
3 Туристы – посетить – дом-музей Пушкина.
4 Я – посетить – министр – его кабинет.
5 Наш город – посетить – иностранная делегация.
6 Санкт-Петербург – иностранные гости – посетить – Эрмитаж.

Exercise 6

Supply the appropriate question word **кого** or **кто**.

1 ___ ты любишь?
2 ___ идёт со мной?
3 ___ взял мою книгу?
4 ___ они встретили в кафе?
5 ___ любит Анна?

6 ___ ждут студенты?
7 ___ знает Ивана?
8 ___ спрашивает учитель?
9 ___ видел сегодня преподавателя?
10 ___ они слушают?

Exercise 7

Match the following questions and answers.

Questions:
1 Ты встречал Колю?
2 Кто знает Машу?
3 Ты Колю встречал?
4 Кого ты встречал?
5 Ты видел Александра?

Answers:
а Раису.
б Встречал.
в Нет, не видел.
г Нет, Сашу.
д Я.

Exercise 8

Complete the following sentences with **никто** or **никого** as appropriate.

1 Я ___ не видел на вокзале.
2 Кого ты видел там? ___.
3 ___ не приходил.
4 Ты ___ не встречал на дискотеке?

5 На вокзале ___ меня не встречал.
6 ___ не пришёл?
7 ___ не любила.

UNIT FOURTEEN
Elaborating on things

- Nominal modifiers (genitive case)

The genitive case: A noun may be used to modify another noun. In the phrase 'capital city' the noun 'capital' is modifying the word 'city' (telling us what kind of city we are talking about). In the phrase 'city centre' the noun 'city' is modifying the noun 'centre'; this could also be expressed as 'the centre of the city'. In English noun modifiers are either placed before the noun they are modifying, or are joined to it by a preposition such as 'of'. In Russian they are placed after the noun they are modifying and are expressed in the genitive case, as in the phrases **центр города** ('city centre') and **остановка автобуса** ('bus stop').

Unlike adjectives – which agree in number, gender and case with the noun they are modifying – noun modifiers remain in the genitive no matter what case or number the noun they are modifying is in. In each of the examples below, the noun modifier **города** is in the genitive while the case of the noun it is modifying (**центр**) changes, depending on its function in the sentence.

nominative	**Вот центр города.**	'Here is the city centre.'
accusative	**Я ездил в центр города.**	'I went to the city centre.'
genitive	**Он живёт недалеко от центра города.**	'He lives not far from the city centre.'
dative	**Я гулял по центру города.**	'I was walking around the city centre.'
instrumental	**Самолёт пролетал над центром города.**	'The plane flew over the city centre.'
prepositional	**Мы живём в центре города.**	'We live in the city centre.'

Prepositional phrases: Nouns may also be modified by a prepositional phrase. In this unit analysis is restricted to prepositional phrases in the genitive case, that is, prepositions that are always followed by the genitive case.

- The preposition **без** (without) is used to express:
  - the absence of something: **чай без молока** — 'tea without milk'

- The preposition **из** (from, out of) is used to express:
  - the place of origin of someone or something: **Она из Одессы** — 'She's from Odessa.'
  - the material or substance from which something is made: **варенье из вишни** — 'cherry jam'
- The preposition **от** (from) is used to express:
  - from whom something comes: **письмо от брата** — 'a letter from (my) brother'
  - against what or whom a person is protecting themselves or others: **лекарство от гриппа** — 'a medicine for 'flu'
- The preposition **для** (for) is used to express:
  - the purpose or function for which something is intended: **тротуар = дорога для пешеходов.** — 'footpath = a road for pedestrians.'

Formation of the genitive: For the regular formation of the genitive case, see Appendices 1, 2 and 3. In certain nouns the stem found in the nominative and accusative case changes in the genitive and other cases. Two such nouns are **мать** — 'mother' and **дочь** — 'daughter', whose genitive forms are **матери** and **дочери** respectively. A change in stem also affects all neuter nouns ending in -**мя**, so that, for example, the genitive forms of **имя** and **время** are **имени** and **времени** respectively. The feminine nouns **дочь**, **мать**, and the neuter noun **время** are separately declined at the end of Appendix 1.

Exercise 1

Complete the following definitions using the words supplied below.

Model: весна — время ＿
        весна — время года

Words: брат, год, транспорт, государство, магазин, мать, мебель, Москва, отец, почта, сестра, слух, спорт, трактор

1 автобус — вид ＿	7 стол — предмет ＿
2 март — третий месяц ＿	8 столица — главный город ＿
3 Москвич — житель ＿	9 тракторист — водитель ＿
4 племянница — дочь ＿ или ＿	10 теннис — вид ＿
5 почтальон — работник ＿	11 тётя — сестра ＿ или ＿
6 продавец — работник ＿	12 ухо — орган ＿

Exercise 2

Answer the questions according to the model.

Model: Откуда она? (Одесса)
        Она из Одессы.

1 Откуда он? (Соединённые Штаты)
2 Откуда ты? (Ирландия)
3 Откуда вы? (я: Англия)
4 Откуда она? (Санкт-Петербург)
5 Откуда они? (Нью-Йорк)
6 Откуда она? (Новая Зеландия)
7 Откуда он? (Пакистан)
8 Откуда он? (Дели)
9 Откуда она? (Алматы)
10 Откуда он? (Баку)
11 Откуда она? (Москва)
12 Откуда он? (Вашингтон)

Exercise 3

Insert appropriate nouns in the spaces provided. Select the nouns from the list supplied below.

Model: варенье из __

варенье из вишни

Nouns: газета, мрамор, помидоры, говядина, Россия, семья, шёлк

1 гимнаст из __
2 котлеты из __
3 платье из __
4 салат из __

5 скульптура из __
6 статья из __
7 человек из рабочей __

Exercise 4

Indicate what each of the following definitions refers to. Select your answers from the list supplied below.

Answers: бассейн, ваза, вокзал, гараж, каток, магазин, отпуск, санаторий, телевизор, тротуар

1 __ = дорога для пешеходов
2 __ = здание для пассажиров на железнодорожной станции
3 __ = помещение для автомобиля
4 __ = помещение для торговли
5 __ = площадка для катания на коньках
6 __ = учреждение для лечения и отдыха
7 __ = спортивное сооружение для плавания
8 __ = устройство для приёма телевизионных передач
9 __ = перерыв для отдыха
10 __ = сосуд для цветов

Exercise 5

Insert appropriate nouns in the spaces provided. Select the nouns from the list supplied below.

Model: лекарство от —
          лекарство от гриппа

Nouns: боль, брат, враг, квартира, сигарета

1 дым от —   4 лекарство от головной —
2 защита от —   5 письмо от —
3 ключ от —

Exercise 6

Complete the following sentences by selecting the appropriate noun phrase from the list supplied below and putting it into the correct case.

Noun phrases: хорошая семья, моё детство, новый редактор, имя Горького, новый роман, новая подруга, испанская столица

1 Мы пришли отдыхать в парк —.
2 Вот дом —.
3 Она из Мадрида, то есть из —.
4 Она получила письмо от —.
5 Эта женщина – автор —.
6 Эта девушка из —.
7 Журналист написал статья для —.

UNIT FIFTEEN
Parting, wishing people well

* Genitive constructions

Leave-taking: The verb **(по)прощаться** means 'to part and say farewell'. The most common form of farewell is **До свидания**. It can be used in all contexts and with all speakers. When two speakers know when they are next going to see one another they will often refer to that next meeting as they part, using the preposition **до** followed by reference to the time of their planned meeting (in the genitive case):

До понедельника.	'See you on Monday. / Until Monday.'
До лета.	'See you in the summer. / Until the summer.'

Between friends and particularly among the young, the expression **Пока.** — 'So long. See you.' is often used.

Well-wishing: Just as it is usual to enquire how someone is on meeting him or her, so it is normal to wish someone well when parting from them. In Russian this is done using the verb **желать** — 'to wish' followed by a phrase in the genitive case:

Желаю (вам) приятного пути.	'I hope you have a good trip.'

Note that the noun **путь** is masculine (as is reflected in the adjectival form), but declines as a soft feminine noun.

Very often the verb **желать** is omitted. The wish is nevertheless still expressed in the genitive case:

Приятного пути.	'Have a good trip.'
Всего хорошего.	'All the best.'

The use of expressions of well-wishing is of course not restricted to people parting. They are indeed often used when someone is about to embark on some course of action:

Приятного аппетита.	'Enjoy your meal.'
Приятного отдыха.	'Enjoy your holiday. / Have a good rest.'

The expression **Ни пуха, ни пера** – literally, '(I wish you) neither down nor a feather' – is used amongst the young, particularly in student circles, to wish someone luck before an ordeal (an examination for example). Its use is similar to the English expression 'Break a leg'. The normal response to this wish is **К чёрту** – literally, 'to the devil'.

Exercise 1

Put the words in brackets into the appropriate form.

Model: До —. (свидание)
До свидания.

1 До — (вечер)
2 До — (воскресенье)
3 До — (встреча)
4 До — (завтра)
5 До — (осень)
6 До — (праздник)

7 До — (скорая встреча)
8 До — (скорое свидание)
9 До — (следующее лето)
10 До — (суббота)
11 До — (четверг)

Exercise 2

Turn the following phrases into wishes.

Model: спокойная ночь
спокойной ночи

1 всё доброе
2 всё наилучшее
3 всё самое лучшее
4 всё хорошее
5 приятный аппетит

6 приятный сон
7 счастливый путь
8 счастье
9 успехи в учёбе
10 хороший отдых

Exercise 3

Which wish from Exercise 2 would you use in each of the following contexts?

a before a holiday
b at night
c on someone's getting into university
d at table
e before a journey

Exercise 4

Match each situation with the appropriate wish.

	Situations:		*Wishes*:
1	В больнице	а	Приятного аппетита!
2	На вокзале	б	Выздоравливай!
3	Перед сном	в	Счастливого пути!
4	На свадьбе	г	Ни пуха ни пера!
5	Перед едой	д	Спокойной ночи!
6	Перед экзаменом	е	Желаю вам счастья!

Exercise 5

Complete the following short exchanges by choosing the most appropriate form of well-wishing from the list provided below.

Wishes: Счастливого пути! Желаю вам хорошо отдохнуть! Спокойной ночи! Желаю удачи! Приятного аппетита! Ни пуха ни пера! Ну, поправляйся!

1 — Я сегодня должна защищать диссертацию! — __. — К чёрту!
2 — У меня грипп. — __. — Спасибо.
3 — Ну, ладно. Едем. Пока, Серёжа, увидимся! — Пока, Лёша. __.
   — До свидания!
4 — Ну, что? Будем есть? — Давай. __. — Спасибо. Мммм! Вкусно!
5 — Ну, ладно, ребята. Я пойду спать. — __. — Спокойной ночи.
6 — Завтра у меня будет интервью насчёт новой работы. — __.
   — Спасибо!
7 — Завтра едем в Крым на две недели. — __. — Спасибо.

UNIT SIXTEEN
Possession

- **у меня (есть)**

The verb **иметь** 'to have' is seldom used in Russian. Instead, the most common way to express possession in Russian is by means of a prepositional phrase. This phrase is made up of the preposition **у** followed by a personal pronoun or noun in the genitive case: **у меня** (genitive of **я**) or **у Саши** (genitive of **Саша**). The word in the genitive indicates the possessor.

Tense is indicated by adding to this phrase a form of the verb **быть**. In the present tense this form of the verb is **есть** (a relic of the Old Russian present tense of **быть**), though it is frequently left out. The thing possessed appears in the nominative case. Thus, for example, **У меня [есть] книга** means 'I have a book' (the square brackets indicate that **есть** is optional).

Examples of how to express possession in the present tense:

Possessor (y + genitive)	Tense (form of быть)	Thing possessed (Nominative)	
У меня	есть	дом.	'I have a house.'
У Володи	есть	книга.	'Volodya has a book.'
У Наташи	есть	время.	'Natasha has (some/the) time.'
У них	есть	деньги.	'They have money.'
У меня	есть	брат и сестра.	'I have a brother and sister.'

Note that, when used, **есть** never changes its form, regardless of the number or gender of the thing possessed.

Uses of **есть**:

- As a general rule **есть** expresses possession or existence: **Деньги есть?** — 'Is there any money?'; **Есть.** — 'Yes, there is.'
- **Есть** should be included in possessive sentences whenever possession is emphasised:

У вас деньги есть?	'Well, do you have any money?'
Есть.	'Yes, I do.'

- When something other than possession is being emphasised, **есть** is normally omitted:

Деньги у вас?	'Is it you who has the money?'
Нет, у Олега.	'No, Oleg does.'

- **Есть** is usually included when the thing possessed is a permanent possession:

У меня есть квартира.	'I have a flat (apartment).'

- **Есть** is not used when the thing possessed is 'organic' to the possessor, such as, for example, parts of the body or illness:

У неё голубые глаза.	'She has blue eyes.'
У меня грипп.	'I have the 'flu.'

- **Есть** is not used when the thing possessed is preceded by an attributive adjective:

У меня большая квартира.	'I have a large flat (apartment).'
У меня новый русско-английский словарь.	'I have a new Russian–English dictionary.'

In these instances, it is the size of the apartment and the newness of the Russian–English dictionary that are being emphasised.

Note that the nominative and accusative plural of a number of masculine nouns, such as **глаз** – 'eye', end in -**á** instead of the normal plural ending -**ы**. The -**á** plural is always stressed. Nouns appearing in this book whose nominative accusative plural end in -**á** plural are **глаза** – 'eyes', **города** – 'towns', **дома** – 'houses', **острова** – 'islands' and **поезда** – 'trains'.

Possession in the past tense, expressing the English 'I had, have had': The same construction is used to express possession in the past, the only modification being that the verb **быть** goes into the past tense, agreeing in gender and number with the thing possessed:

Possessor (у + genitive)	Tense (form of быть)	Thing possessed (Nominative)	
У меня	**был**	**дом.**	'I had a house.'
У Володи	**была**	**книга.**	'Volodya had a book.'
У Наташи	**было**	**время.**	'Natasha had (some/the) time.'
У них	**были**	**деньги.**	'They had money.'

Possession in the future tense, expressing the English 'I will have': The same construction is used to express possession in the future, the only modification being that the verb **быть** goes into the third person singular or plural of the future tense, depending on the number of things possessed:

Possessor (y + genitive)	Tense (form of быть)	Thing possessed (Nominative)	
У меня	будет	дом.	'I will have a house.'
У Володи	будет	книга.	'Volodya will have a book.'
У Наташи	будет	время.	'Natasha will have (some/the) time.'
У них	будут	деньги.	'They will have money.'

Exercise 1

Match the following occupations and objects. Write eleven sentences stating who has what.

Model: У врача есть трубка.

Occupations:
1 астроном
2 виолончелист
3 дирижёр
4 народный музыкант
5 певица
6 пианист
7 теннисист
8 ученик
9 фотограф
10 царь
11 шофёр

Objects:
а виолончель
б рояль
в гитара
г палочка
д фотоаппарат
е дворец
ж ракетка
з балалайка
и телескоп
к тетрадь
л машина

Exercise 2

Insert apprÒpriate nouns or pronouns in the spaces provided.

1 Вы богатые? У ___ много денег?
2 Мария бедная. У ___ мало денег.
3 Мы бедные. У ___ мало денег.
4 Он богатый. У ___ много денег.
5 Она богатая. У ___ много денег.
6 Они богатые. У ___ много денег.
7 Павел бедный. У ___ мало денег.
8 Родители бедные. У ___ мало денег.

Exercise 3

Match the following questions and answers.

	Questions:		*Answers*:
1	У вас есть квартира?	а	Есть. В Подмосковье.
2	А дача у вас есть?	б	Нет, только брат.
3	У вас есть билет?	в	Да, старые «Жигули».
4	У вас есть сигарета?	г	Да, прямо на Невском проспекте.
5	У него есть сестра?	д	У меня.
6	У кого есть машина?	е	Нет, я не курю.
7	У вас есть машина?	ж	Нет, я его куплю прямо там.

Exercise 4

Match the following synonymous sentences.

	Sentences 1:		*Sentences 2*:
1	У него большая любовь к природе.	а	Он хорошо поёт.
2	У девочки есть талант.	б	Она талантливая.
3	У мальчика есть голос.	в	Он способный математик.
4	У матери бессонница.	г	Он очень любит природу.
5	У ребёнка есть способности к математике.	д	Она плохо спит.

Exercise 5

Match the following sentences.

	Cause:		*Effect*:
1	Сегодня у нас вечер.	а	Она отдыхает на юге.
2	У девочки день рождения.	б	Ей сегодня 5 лет.
3	У мамы отпуск.	в	Мы весь день готовили закуски.
4	У мужа лёгкая простуда.	г	Мы вызвали врача.
5	У ребёнка грипп.	д	Он сегодня не идёт на работу.

Exercise 6

Supply an appropriate noun from the list below in the space where there are three short dashes (this corresponds to a word, not the number of letters). Supply the appropriate form of the past tense of the verb **быть** in the space where there is one long dash.

Nouns: дача, дворцы, день, квартира, лекция, лицо, лодка, отпуск, сын, температура

1 В прошлом месяце у Бориса ＿ ＿＿＿. Он ездил в Крым.
2 На прошлой неделе у Марии ＿ ＿＿＿ рождения.
3 У бабушки ＿ один ＿＿＿, мой отец.
4 У дедушки ＿ ＿＿＿ в Подмосковье.
5 У дяди ＿ ＿＿＿ на Волге.
6 У Екатерины Второй ＿ круглое ＿＿＿.
7 У нас вчера в университете ＿ ＿＿＿ о Толстом.
8 У Сталина ＿ ＿＿＿ в Кремле.
9 У царя ＿ зимний и летний ＿＿＿.
10 Я лежал всю прошлую неделю, так как у меня ＿ ＿＿＿.

Exercise 7

Make sentences according to the model.

Model: Павел, велосипед, мотоцикл
         Раньше у Павла был велосипед, а теперь у него мотоцикл.

1 я, «Жигули», «Волга»
2 Ира, машина, велосипед
3 они, немецкие студенты, корейские
4 в библиотеке, мы, все газеты и журналы, только журналы
5 Алексей, огромный коттедж под Москвой, квартира в Кузьминках
6 мы, в городе, техникум, техникум и институт

Exercise 8

Make sentences according to the model.

Model: Вера, гости из Англии, гости из Австралии
         Вчера у Веры были гости из Англии, а завтра у неё будут гости
         из Австралии.

1 студенты, лекция, семинар
2 они, красное вино, белое
3 дома, Саша, хорошие друзья, родители жены
4 Наташа, письменный экзамен, устный

Exercise 9

Insert an apprropriate noun in the spaces provided. Select the nouns from the
list supplied below.

Nouns: волосы, вопрос, глаза, голова, задания, математика, машина,
расписание, характер

1 Какие — у нас будут на экзамене?
2 У брата — не работает.
3 У меня болит —.
4 У меня тёмные — и синие —.
5 У меня к тебе —.
6 У нас новое —. — у нас теперь будет по пятницам.
7 У неё весёлый —.

UNIT SEVENTEEN
Absence

- **у меня нет**

Negation: One meaning of **нет** is the negative particle 'no': **Ты хочешь сегодня пойти в кино? Нет, не хочу.** — 'Do you want to go to the cinema today? No I don't.' Another meaning of **нет** is 'there is (are) not'. The noun indicating the absent thing goes into the genitive case:

Нет его.	'He's not there.'
Нет хлеба.	'There's no bread.'
Нет словаря.	'There's no dictionary.'; 'The dictionary is gone.'
Нет времени.	'There's no time.'
Нет денег.	'There's no money.'

In these sentences **нет** replaces **есть** in the positive sentences described in Unit 16. **Есть** is *never* used with the negative particle **не**.

Absence in the past: In the past tense **нет** becomes **не было**, with the noun indicating the absent thing also going into the genitive:

Его не было.	'He wasn't there.'
Не было хлеба.	'There was no bread.'
Не было словаря.	'There was no dictionary.'
Не было времени.	'There was no time.'
Не было денег.	'There was no money.'

Note that **не было** never changes, regardless of the number or gender of the noun indicating the absent thing. **Не было** is *always* stressed on the **не** and **было** is unstressed.

Absence in the future: In the future tense **нет** becomes **не будет**, also followed by the genitive of the noun indicating the absent thing:

Его не будет.	'He won't be there.'
Не будет хлеба.	'There won't be any bread.'
Не будет словаря.	'There won't be any dictionary.'
Не будет времени.	'There won't be any time.'
Не будет денег.	'There won't be any money.'

Note that **не будет** never changes, regardless of the number of gender of the noun indicating the absent thing.

Absence of possession: The usual way to indicate absence of possession is by means of the prepositional phrase **у меня, у тебя**, etc. followed by the appropriate negative form of the verb **быть**: **нет, не было** or **не будет**, followed by the genitive of the thing not possessed.

Examples in the present tense (**у меня нет**) are as follows:

Logical subject (y + *genitive*)	Tense (*form of* **быть**)	Thing not possessed (*genitive*)	
У меня	**нет**	**дома.**	'I don't have a house.'
У Володи	**нет**	**книги.**	'Volodya doesn't have a book.'
У Наташи	**нет**	**времени.**	'Natasha has no time.'
У них	**нет**	**денег.**	'They have no money.'

Examples in the past tense (**у меня не было**) are as follows:

Logical subject (y + *genitive*)	Tense (*form of* **быть**)	Thing not possessed (*genitive*)	
У меня	**не было**	**дома.**	'I didn't have a house.'
У Володи	**не было**	**книги.**	'Volodya didn't have a book.'
У Наташи	**не было**	**времени.**	'Natasha had no time.'
У них	**не было**	**денег.**	'They had no money.'

Examples in the future tense (**у меня не будет**) are as follows:

Logical subject (y + *genitive*)	Tense (*form of* **быть**)	Thing not possessed (*genitive*)	
У меня	**не будет**	**дома.**	'I won't have a house.'
У Володи	**не будет**	**книги.**	'Volodya won't have a book.'
У Наташи	**не будет**	**времени.**	'Natasha won't have any time.'
У них	**не будет**	**денег.**	'They'll have no money.'

Note that **нет, не было** and **не будет** never change, regardless of the number or gender of the noun indicating the absent thing.

Exercise 1

Insert appropriate nouns in the spaces provided. Select your answers from the list supplied below.

Nouns: билеты, импортные товары, лаборатории, река, зал периодики, спортивная площадка, статьи, телефон

1 В этой библиотеке нет ___.
2 В этой квартире нет ___.
3 В этом городе нет ___.
4 В этом журнале нет ___ на русском языке.
5 В этом киоске нет ___ на балет «Лебединое озеро».
6 В этом магазине нет ___.
7 В этом парке нет ___.
8 В этом университете нет ___.

Exercise 2

Insert suitable nouns or noun phrases in the spaces provided. Select your answers from the list supplied below.

Noun phrases: англо-русский словарь, деньги, красный карандаш, машина, своя квартира, часы

1 Как вы будете переводить текст? У вас же нет ___.
2 Мы ездим на дачу на электричке, так как у нас нет ___.
3 Мы с мужем живём у мамы, так как у нас нет ___.
4 Скажите, пожалуйста, сколько сейчас времени? Не знаю, у меня нет ___.
5 У меня нет ___. Как я ему куплю подарок?
6 У меня нет ___. Чем же исправлять ошибки?

Exercise 3

Match the following shops and products. Write 10 sentences according to the model stating that the product is sold out. Remember that countables are put in the genitive plural and non-countables in the genitive singular.

Model: В институте нет студентов.

Shops:		*Products*:	
1	булочная	а	диск с музыкой Окуджавы
2	галантерея	б	картина современных художников
3	Детский мир	в	конфета
4	Дом книги	г	красная лента
5	кондитерская	д	кукла
6	Мелодия	е	матрёшка
7	Русский сувенир	ж	полное собрание сочинений Толстого
8	рынок	з	сметана
9	хозяйственный магазин	и	хлеб
10	художественный салон	к	чайник

Exercise 4

Make sentences according to the model.

Model: я, время
У меня нет времени. У меня не было времени.

1 мы, деньги
2 он, работа
3 я, машина
4 Ольга, квартира
5 мы, в городе, больница
6 мы, в группе, русские
7 я, возможность встретиться с вами
8 Володя, собака

Exercise 5

Answer the following questions in the negative.

1 Вчера было собрание?
2 Сегодня будет лекция?
3 Учитель был в классе, когда вы об этом говорили?
4 Ваша сестра была в Москве?
5 Отец был дома, когда вы вернулись?

Exercise 6

Answer the questions according to the model.

Model: Он вчера был дома?
Нет, его не было.

1 Она в субботу была здесь?
2 Они в четверг были у вас?
3 Коля вчера был в институте?
4 Саша вчера был на даче?
5 Ваши друзья вчера были на концерте?
6 Аня вчера была у вас?

Exercise 7

Complete the short dialogue by inserting in the gaps appropriate words from
the list below.

Words: в, дома, кого, тебя, ты, у

— Я заходил к тебе вчера, но __ не было __. Где __ был? — __ гостях.
— У __? — __ Володи.

Exercise 8

Make sentences according to the model.

Model: завтра, я, время
        Завтра у меня не будет времени.

1   завтра, я, машина
2   завтра, мы, билеты
3   в будущем году, мы, в институте, иностранные студенты
4   в четверг, я, возможность поговорить с ним
5   в будущем году, они, русские гости
6   в июне, я, комната в общежитии

UNIT EIGHTEEN
Revision Unit

Exercise 1

Match each number with the appropriate letter.

1	У вас были русские друзья?	а	В центре города.
2	А у вас была машина?	б	Были, а теперь они у Лёши.
3	А где мои часы? Они у вас были?	в	В руке у него была монета.
4	Скажите, пожалуйста, а где у него была квартира?	г	Конечно, у меня были русские друзья.
5	Что у ребёнка было в руке?	д	У меня и у Оли.
6	У кого была эта статья?	е	Была.

Exercise 2

Complete the following sentences by supplying the verb **быть** in the appropriate form of the past tense followed by a noun, or noun phrase, from the list supplied below.

Noun phrases: больная кошка, больной друг, вопрос, интервью, насморк, ребёнок, собака, экзамены

1 Она ходила в детсад. У неё __ __.
2 Она ходила в больницу. У неё __ __.
3 Они ходили в университет. У них __ __.
4 Она ходила в директору. У нее __ __.
5 Она ходила в парк. У неё __ __.
6 Она ходила к ветеринару. У неё __ __.
7 Она ходила в справочное бюро. У неё __ __.
8 Она ходила к врачу. У неё __ __.

Exercise 3

Match the following questions and statements with the appropriate contexts.

1	У вас можно отправить телеграмму?	а	в бюро путешествий
2	Телефон у дежурной по этажу.	б	в гостинице
3	Скажите, у вас Толстой есть?	в	в гостях
4	Скажите, пожалуйста, у вас есть билет на сегодня в Санкт-Петербург?	г	в книжном магазине
		д	на вокзале
		е	на почте
5	Скажите, пожалуйста, какие зимние маршруты у вас есть в Среднюю Азию?	ж	у входа в театр
6	У вас есть лишний билет?		
7	У вас можно курить?		

Exercise 4

Кто я? Identify the people described below by matching each description with one of the names listed below. If you are not certain what people looked like – try and find photographs or portraits in encyclopaedias.

People: Александр Сергеевич Пушкин, Анна Андреевна Ахматова, Антон Павлович Чехов, Виссарион Григорьевич Белинский, Владимир Ильич Ленин (Ульянов), Карл Маркс

1 У меня большая, густая борода. Я интересуюсь политикой.
2 У меня тоже борода, но не такая большая, как у последнего. У меня 'чеховская' бородка. У меня почти нет волос. Я тоже интересуюсь политикой.
3 У меня тоже бородка. Волосы у меня есть. Я ношу очки. Я писатель.
4 У меня нет бороды. У меня есть волосы. Я не ношу очков. Я интересуюсь литературой и законами развития общества.
5 У меня длинные волосы. Бороды нет у меня. Я поэтесса.
6 У меня кудрявые волосы и длинные бакенбарды (баки). Я поэт.

Exercise 5

Summarise the following brief telephone dialogues according to the model.

Model: — Можно Сашу?
        — Его нет дома.
        — А когда он будет?
        — Его сегодня не будет.

    Summary: Саши нет. Сегодня не будет.

1   — Попросите, пожалуйста, Константина Фёдоровича. — Его
     нет. — А когда он будет? — Позвоните после обеда.
2   — Можно Светлану Александровну? — Её нет. — А когда она
     будет? — Попозже.
3   — Киру Евгеньевну можно? — Её нет и сегодня не будет.
4   — Алексея можно? — Нет его. — А когда он будет? — Через час.

Exercise 6

Match each number with the appropriate letter.

1	А в четверг она будет?	а	Нет, а завтра будет.
2	Есть яблоки?	б	Будут.
3	А завтра утром будут билеты?	в	Не было, а завтра будет.
4	А вчера было мясо?	г	Был, но только чёрный.
5	А вчера был хлеб?	д	Есть.
6	Есть икра?	е	Будет, но только после шести.

Exercise 7

Match each number with the appropriate letter.

1	А новая гостиница будет в центре?	а	Были.
2	Время ещё есть?	б	У него нет, а у сестры есть.
3	Спички есть?	в	Да, у нас.
4	Михаила Ивановича можно?	г	Была, а теперь нет.
5	А больница в городе есть?	д	Нет. Я не курю.
6	А компьютер у Николая есть?	е	Больницы нет, а поликлиника есть.
7	А у Серёжи была подруга?	ж	Еще пять минут. Спешите!
8	Дима у вас?	и	Нет, она будет рядом с парком.
9	А на концерте были иностранцы?	к	Его нет сейчас. Позвоните через час.

UNIT NINETEEN
Identifying people's professions

- Copula verbs (instrumental as complement)

Copula verbs and their complements: In most languages there are a number of verbs whose function is to join the subject with a noun or adjective which describes some attribute of that subject. These verbs are referred to as copulas, and the noun or adjective which they govern is called the complement.

Compare for instance the two following sentences: 'John killed a lawyer.' and 'John became a lawyer.' The verb in the first example is a transitive verb: it has a direct object (lawyer) which in Russian would be expressed in the accusative case: **Иван убил адвоката.** — 'John killed a lawyer.' (see Units 9 and 13). The direct object always refers to some person (or object) who is different from the subject: John and the lawyer are two different people.

The verb in the second example, on the other hand, is a copula: it has a complement. The complement always refers to an attribute of the subject: John and the lawyer are one and the same person. In Russian the complement is expressed by a noun or adjective in the instrumental case.

The three verbs **стать**, **быть** and **работать** ('to become, to be, to work (as)') are copulas. The person that one 'is', 'becomes' or 'works as' are their complements. In the present tense the complement of **быть** – which does not appear in the present tense – is in the nominative case; in all other tenses it is in the instrumental:

Кто она?	**Она**	—	**инженер**
	subject	copula	complement
'What does she do?	She's an engineer.'		

Кем она была?	**Она**	**была**	**инженером.**
	subject	copula	complement
'What did she do?	She was an engineer.'		

The complement for both **стать** and **работать** is always in the instrumental:

Кем работает Павел?	**Павел**	**работает**	**инженером.**
	subject	copula	complement
'What does Pavel work at?	Pavel works as an engineer.'		

Exercise 1

Answer the following questions according to the model. Select your answers from the list supplied below.

Model: Кем стал Толстой? — Он стал писателем.

Answers: гимнаст, политик, балерина, художник, космонавт, космонавт, певица, писатель, поэт, президент, футболист, шахматист

1 Кем стала Майя Плисецкая?
2 Кем стал Алексей Немов?
3 Кем стала Анна Ахматова?
4 Кем стала Жанна Бичевская?
5 Кем стал Юрий Гагарин?
6 Кем стала Валентина Терешкова?
7 Кем стал Владимир Жириновский?
8 Кем стал А.С. Пушкин?
9 Кем стал Г. Каспаров?
10 Кем стал Василий Рац?
11 Кем стал Ельцин?
12 Кем стал Репин?

Exercise 2

Complete the following dialogues according to the model.

Model: — Иван окончил Медицинский институт и стал ___.
        — Иван окончил Медицинский институт и стал врачом.

Answers: библиотекарь, ветеринар, инженер-программист, кассир, парикмахер, преподаватель английского языка, стюардесса, фармацевт, химик, художник, шофёр, экскурсовод

1 Иван окончил химический техникум и стал ___.
2 Раиса окончила библиотечный техникум и стала ___.
3 Борис окончил курсы экскурсоводов и стал ___.
4 Катя окончила курсы шофёров и стала ___.
5 Серёжа окончил ветеринарный институт и стал ___.
6 Ольга окончила среднюю школу и стала ___.
7 Федя окончил филологический факультет МГУ и стал ___.
8 Мария окончила лётное училище и стала ___.
9 Павел окончил политехнический институт и стал ___.
10 Ирина окончила Академию художеств и стала ___.
11 Степан окончил фармацевтический институт и стал ___.
12 Наташа окончила парикмахерское училище и стала ___.

Exercise 3

Кто кем работает где? Complete the following sentences according to the model.

Model: Иван работает ___ на заводе.
        Иван работает инженером на заводе.

Answers: врач, библиотекарь, журналист, пилот, преподаватель, официант, строитель, учитель, режиссёр

1   Боря работает ___ в газете.
2   Ваня работает ___ в больнице.
3   Виталий работает ___ в авиакомпании.
4   Миша работает ___ в ресторане.
5   Оля работает ___ на киностудии.
6   Петя работает ___ на стройке.
7   Серёжа работает ___ в школе.
8   Настя работает ___ в библиотеке.
9   Раиса работает ___ в университете.

Exercise 4

Complete the following sentences by selecting the appropriate noun phrase from the list supplied below and putting it into the correct case.

Noun phrases: президент России, блестящий футболист, лучшая подруга, известная балерина, английский переводчик, главный инженер

1   Павел Петрович работает на заводе ___.
2   Она была моей ___.
3   В 1990 Борис Ельцин стал ___.
4   Майя Плисецкая была очень ___.
5   Василий Рац был ___.
6   В прошлом году она окончила филологический факультет МГУ. Теперь работает ___ в министерстве.

Exercise 5

Match the questions and the answers.

1   Кто был великим русским   а   Президентом СССР.
    поэтом?   б   Космонавтом.
2   Кем был Горбачёв?   в   Великим писателем.
3   Кто работал художником?   г   Глинка.
4   Кем стала Терешкова?   д   Пушкин.
5   Кем был Достоевский?   е   Репин.
6   Кто был композитором?

UNIT TWENTY

Interests and leisure pursuits

- **-овать/-евать** verbs
- Verbs governing the instrumental case
- Adverbials of time (**давно**)

Verbs ending in **-овать** *and* **-евать**: Verbs ending in **-овать** and **-евать** belong to the first conjugation. In the present tense, their stem changes from the infinitive **-ова-/-ева-** to **-у-**. For example, the present tense stem of **интересоваться** — 'to be interested (in)' is **интересу-**. To the present tense stem are added the normal present tense endings (see Unit 5):

	интересоваться — 'to be interested (in)' *Present tense* (**-ова-** → **-у-**)	**танцевать** — 'to dance' *Present tense* (**-ева-** → **-у-**)
я	интересу-юсь	танцу-ю
ты	интересу-ешься	танцу-ешь
он/она/оно	интересу-ется	танцу-ет
мы	интересу-емся	танцу-ем
вы	интересу-етесь	танцу-ете
они	интересу-ются	танцу-ют

Exception: The present tense stem of the first conjugation verb **одевать** (**одеваться**) — 'to dress (get dressed)' is **одева-**, hence it conjugates not like other **-ева-** verbs, but as follows:

я	одева-ю(сь)
ты	одева-ешь(ся)
он/она/оно	одева-ет(ся)
мы	одева-ем(ся)
вы	одева-ете(сь)
они	одева-ют(ся)

The verbs **заниматься** *and* **интересоваться**: The instrumental case is used after certain verbs, including **интересоваться** — 'to be interested in' and **заниматься** — 'to be involved in, etc.', to express the area that provokes the interest or activity being carried out by the subject. For example, in the sentence **я интересуюсь спортом** — 'I am interested in sport (literally by sport)', the focus of the speaker's interest, **спорт**, is put into the instrumental.

The adverbial of time **давно**: In a sentence where the verb is in the past tense **давно** means 'a long time ago':

> **Я давно написал эту книгу.**   'I wrote this book a long time ago.'

In a sentence where the verb is in the present tense **давно** means 'for a long time' and refers to events that began in the past and are still happening at the time of speaking:

> **Я давно занимаюсь русским**   'I have been studying Russian for
> **языком.**   a long time.'

Note that although the present perfect tense is used in English, in Russian only the present tense is used in this context.

Exercise 1

Supply appropriate endings to the verbs in the following sentences.

1 Вы интерес_ музыкой?
2 Как ты себя чувств_?
3 Мальчик рис_ портрет отца.
4 Мать цел_ больного ребёнка.
5 Мы торг_ овощами на рынке.
6 В конце учебного года все ученики участв_ в спектакле.
7 Русские обычно праздн_ Новый год в семье.
8 Студенты польз_ каталогом в библиотеке.
9 Чем интерес_ Саша?
10 Я интерес_ футболом.

Exercise 2

In the following sentences insert an appropriate verb from the list supplied below. The verbs are supplied in the appropriate aspect.

Verbs: заведовать, интересоваться, пользоваться, праздновать, рисовать, торговать, участвовать, целовать, чувствовать

1 В конце письма к другу часто пишется: «__ и обнимаю».
2 В России __ Рождество в ночь с 6-ого на 7-ое января.
3 Магазины в центре Москвы __ с 8-и утра до 10-и вечера.
4 На экзамене по русскому языку вы не __ словарём.
5 Она уже давно __ кафедрой русского языка.
6 Студенты на филфаке __ литературой.
7 Художник __ родной дом.
8 Я что-то сегодня плохо себя __.
9 На семинаре студенты __ в дискуссии о творчестве Толстого.

Exercise 3

Complete the following sentences by selecting an appropriate area of interest from the list supplied below.

Areas of interest: книги, компьютеры, литература, математика, музыка, новости, памятники, политика, театр, физика, футбол, химия, языки

1 Химик интересуется ___.
2 Физик интересуется ___.
3 Математик интересуется ___.
4 Библиотекарь интересуется ___.
5 Лингвист интересуется ___.
6 Депутат интересуется ___.
7 Журналист интересуется ___.
8 Программист интересуется ___.
9 Пианист интересуется ___.
10 Писатель интересуется ___.
11 Режиссёр интересуется ___.
12 Турист интересуется ___.
13 Футболист интересуется ___.

Exercise 4

Answer the following questions according to the model.

Model: Саша интересуется Россией. А ты? (Англия)
        Я интересуюсь Англией.

1 Дети интересуются спортом. А вы? (мы: музыка)
2 Оля интересуется оперой. А они? (футбол)
3 Он интересуется футболом. А Лена? (волейбол)
4 Они интересуются Америкой. А вы? (я: Литва)
5 Я интересуюсь кино. А Наташа? (литература)
6 Петя интересуется химией? А Володя? (физика)

Exercise 5

Answer the following questions according to the model.

Model: — А Саша? (футбол)
        — Саша занимается футболом.

1 А ты? (теннис)
2 А Ольга? (балет)
3 А вы? (мы: спорт)
4 А они? (театр)
5 А Миша? (бизнес)
6 А он? (шахматы)
7 А Володя? (английский язык)
8 А вы? (я: русский язык)

Exercise 6

Кто я? Чем я занимаюсь? Match the pairs of sentences about people's interests.

Occupation and interest:
1 Я спортсмен. Занимаюсь футболом.
2 Я бизнесмен. Занимаюсь бизнесом.
3 Я депутат. Занимаюсь политикой.
4 Я историк. Занимаюсь историей.
5 Я музыкант. Занимаюсь классической музыкой.
6 Я студент. Занимаюсь английским языком в институте.

Description:
а Я начал интересоваться этим в школе. После института хочу стать переводчиком.
б Я давно интересуюсь этим. Теперь работаю в Думе.
в Еще в школе я занималась этим. Три года назад поступила в консерваторию.
г В школе я занимался этим в свободное время. Теперь я играю в команде.
д Ещё в школе интересовался прошлым России. Теперь я пишу книгу об этом.
е Я всегда интересовался деньгами. Теперь я всё время работаю с ними.

Exercise 7

Match the questions and answers.

Questions:	*Answers*:
1 Когда ты начал заниматься футболом?	а Десять лет.
2 Ты давно занимаешься футболом?	б Нет, народной.
	в Нет, одиннадцать.
3 Ты физикой занимаешься?	г Да, каждый день читаю все газеты.
4 Ты классической музыкой интересуешься?	д Пятнадцать лет назад.
5 Ты девять лет занимаешься шахматами?	е Нет, химией.
6 Ты политикой интересуешься?	

UNIT TWENTY-ONE
Interacting with people

- **играть (+ на/в)**
- The preposition **с** + the instrumental case

To express the notion in Russian of playing a game (football, chess, cards, etc.) the verb **играть** is used followed by **в** and the name of the game in the accusative case:

Я играю в футбол.	'I play football.'
Мы играли в карты.	'We played cards.'
Они играют в шахматы.	'They play chess.'

To express the notion in Russian of playing an instrument (guitar, violin, grand piano, etc.) the verb **играть** is used followed by **на** and the name of the instrument in the prepositional case:

Я играю на гитаре.	'I play the guitar.'
Она играла на скрипке.	'She played the violin.'
Он играет на рояле.	'He plays the piano.'

To say one is acting in a play, etc., the verb **играть** is used with **в** followed by the prepositional case, for example:

Она играет в пьесе.	'She's acting in a play.'

When combined with certain phrases indicating a means of transport other than on foot, the verb **кататься** means 'engaging for leisure in the named activity'. Thus, for example:

- when combined with the phrase **на коньках** — 'on skates', **кататься** means 'to skate':

Она хорошо катается на коньках.	'She skates well.'
Мы весь вечер катались на коньках.	'We skated all evening.'

- when used with the phrase **на лыжах** — 'on skis', it means 'to ski':

Он прекрасно катается на лыжах.	'He skates well.'
Зимой они всегда катаются на лыжах.	'They go skiing every winter.'

- when used with the phrase **на велосипеде** — 'on a bicycle', it means 'to go for a cycle':

  А ты любишь кататься на велосипеде?   'And do you like cycling?'

- when used with the phrase **на лодке** — 'in a boat', it means 'to go boating':

  Всё утро мы катались на лодке.   'We were out boating all morning.'

The preposition **с**: This preposition means 'with' and governs the instrumental case. A prepositional phrase used with **с** can be used to express the person with whom someone does something:

Иван ездил во Францию с Марией   'Ivan went to France with Maria.'

It can also be used as a nominal modifier (see Unit 14) to describe an attribute of a person or object. The preposition **с** is used to express:

- physical attributes: **старик с красным носом** — 'an old man with a red nose'
- a non-essential attribute: **девушка с большой сумкой** — 'a young woman with a big bag'
- a defining attribute: **хлеб/будерброд с сыром** — 'a cheese sandwich'

Co-ordinated subjects: Where a sentence in Russian has two or more subjects, these are often linked with the preposition **с**:

Мы с вами знакомы.	'You and I are acquainted.'
Мы с ним друзья.	'He and I are friends.'
Мы с сестрой ходили в театр.	'My sister and I went to the theatre.'

Note that the pronoun **мы** is in the plural form: it includes both 'I' and the other person or people mentioned. Similarly in the second person, it is most usual for the pronoun subject to be in the nominative plural. In the following example **вы** includes reference both to 'you' singular (**ты** or **Вы**) and to **Пётр**:

Вы с Петром большие друзья.   'You and Peter are great friends.'

Exercise 1

Match the following people and games/musical instruments. Write six sentences saying who plays what: **Кто во что/на чём играет?**

People: Бичевская, Рихтер, народный музыкант, Курникова, Каспаров, Рац

Games/musical instruments: шахматы, гитара, баян, рояль (m), теннис, футбол

Exercise 2

Match the people with the activity and write sentences according to the model: **играть на чём, во что, в чём**.

Model: студенты: играть в карты
       Студенты играют в карты.

People:		*Activity*:	
1	шахматист	а	играть в пьесе
2	народный музыкант	б	играть в шахматы
3	артист	в	играть на рояле
4	футболист	г	играть на балалайке
5	классический музыкант	д	играть в куклы
6	дети	е	играть в команде

Exercise 3

Make sentences from the list according to the model.

Model: я, хоккей, футбол
       Раньше я играл(а) в хоккей, а теперь играю в футбол.

1 она, баян, балалайка
2 он, карты, шахматы
3 мы, теннис, футбол
4 он, народный ансамбль (m), рок-группа
5 дети, солдаты, мяч
6 я, скрипка, рояль

Exercise 4

Insert appropriate nouns in the spaces provided. Select the nouns from the list supplied below.

Model: старик с красным __
       старик с красным носом

Nouns: волосы, глаза, дождь, капуста, колонны, комментарии, молоко, название, образование, сливки

1 мужчина с большими
   светлыми __
2 пирожки с __
3 ветер с __
4 чай с __
5 женщина с длинными __

6 кофе со __
7 дом с __
8 молодой человек с высшим __
9 книга для чтения с __
10 село с необычным __

Exercise 5

Answer the following questions using the words supplied in brackets according to the model.

Model: Кто купался в море? (Родители — дети)
         Родители с детьми.

1 Кто катался на лыжах в горах? (Отец — дочь)
2 Кто собирал грибы в лесу? (Мать — сын)
3 Кто гулял в парке? (Дама — собачка)
4 Кто играл в теннис на корте? (Борис — друзья)
5 Кто играл в футбол на стадионе? (Я — они)
6 Кто танцевал на дискотеке? (Пётр — она)
7 Кто играл на скрипке в оркестре? (Я — Иван)
8 Кто играл в шахматы в клубе? (Она — ты)
9 Кто занимался гимнастикой в спортзале? (Я — тренер)
10 Кто обедал в ресторане? (Мы — преподаватель)

UNIT TWENTY-TWO
Seeking information

- Interrogative sentences
- The preposition **по** + the dative case

Introductory formulas: In spoken Russian there are numerous polite expressions whose purpose is to introduce a request for information. They serve the same function as an expression such as 'Excuse me ...' in English. They are a means of alerting the person to whom the enquiry is addressed that what follows will be a question requiring a factual answer. These introductory formulas are syntactically unlinked to the questions that follow. A comma is obligatory between such introductory clauses and the questions that follow, e.g.,

Вы (не) знаете, . . .	'Do you happen to know . . .'
Скажите, . . .	'Could you tell me'
Извините, . . .	'Excuse me'
Простите, пожалуйста, . . .	'Excuse me, please'
Вы не скажете, где здесь метро?	'Could you tell me where the metro is?'

The word order in questions following these formulas is the same as that found in interrogative sentences not preceded by any such formula:

— **Вы не знаете, кто здесь журналист?**	
(cf. **Кто здесь журналист?**	'Who's a journalist here?')
— **Вы не знаете, что он делал вчера?**	
(cf. **Что он делал вчера?**	'What did he do yesterday?')
— **Вы не знаете, в каком городе она живёт?**	
(cf. **В каком городе она живёт?**	'In what city does she live?')
— **Вы не знаете, какой автобус идёт в центр?**	
(cf. **Какой автобус идёт в центр?**	'Which bus goes to the centre?')

— Вы не знаете, на каком этаже
    столовая?
(cf. На каком этаже столовая?   'On what floor is the canteen?')

The preposition по + *the dative*: One of the meanings of по + the dative is to qualify the preceding noun. It qualifies it by referring to the specialist field treated in the relevant noun. In this sense по can be roughly translated as 'to do with', 'in', 'in the area of', or 'in the field of':

У меня завтра будет экзамен по литературе.	'Tomorrow I have a literature exam.'
Он специалист по математике.	'He's a specialist in mathematics.'

По is often found in a formal or official setting with the meaning 'on', 'on the subject of':

Профессор читает лекции по русской истории.	'The professor gives lectures on Russian history.'
Он написал статью по экономике.	'He wrote an article on economics.'

The preposition по is also used in noun phrases to express the context of a relationship: друг по школе ('a school friend') and to express an explanatory relationship between two nouns, similar to the use of 'by' in the following phrase:

историк по образованию   'a historian by training'.

Exercise 1

Supply appropriate conjunctions in the spaces provided. Select the conjunctions from the list supplied below.

Conjunctions: где, как, какой, когда, кто, чём, что

1 — Скажите, пожалуйста, __ находится университетская библиотека?
   — В новом корпусе, рядом с филфаком.
2 — Вы не знаете, __ открывается читальный зал? — В 9 утра.
3 — Вы не скажете, __ работает читальный зал? — С 9-и утра до 10-и
   вечера ежедневно.
4 — Скажите, пожалуйста, на __ этаже лингафонный кабинет? — На
   втором.
5 — Вы не скажете, о __ была лекция? — О жизни Толстого.
6 — Вы не знаете, __ читал лекцию? — Борис Гаспаров.
7 — Вы не скажете, __ здесь случилось? — Я не знаю.

Exercise 2

Fill in the gaps by inserting the appropriate interrogative from the list below.

Interrogatives: кому, кого, кто, кто,

1 __ она попросила сделать суп?   3 __ посоветовал ему это сделать?
2 __ он позвонил?   4 __ попросил его пойти туда?

Exercise 3

Write sentences according to the model.

Model: студенты, ходить на лекции, литература
        Студенты ходят на лекции по литературе.

1 профессор, читать лекции, русская история
2 Вера, сдавать экзамен, физика
3 Лена, читать учебник, русский язык
4 Сергей Петрович, специалист, математика
5 Пётр, ходить на занятия, английский язык
6 французские студенты, слушать лекции, русская литература

Exercise 4

Insert appropriate words in the spaces provided. Select the words from the list supplied below.

Words: задача, зачёт, контрольная работа, лабораторная работа, лекция, соревнование, учебник, экзамен

1 Борис решил __ по математике.
2 Соня написала __ по русскому языку.
3 Коля сделал __ по химии.
4 Что ты получил на __ по физике?
5 На этой неделе начинаются __ по настольному теннису.
6 Где ты купил этот __ по ботанике?
7 Студенты слушали __ по истории.
8 __ по истории переносится на среду.

Exercise 5

Insert appropriate nouns in the spaces provided. Select the nouns from the list supplied below.

Model: историк по __
        историк по образованию

Nouns: вагон, история, математика, национальность, профессия, фамилия, школа, язык

1   врач по —
2   друг по —
3   занятие по — искусств
4   по — Иванов
5   русский по —

6   соседи (**соседи** – 'neighbours' is the irregular plural of **сосед**.) по —
7   специалист по —
8   учебник по русскому —

UNIT TWENTY-THREE
Going places

- **ходить/ездить** + the accusative case
- Adverbials of place: motion

There are many ways of expressing motion in Russian, not all of which will be dealt with here. One common verb which is used to correspond to English 'go' is **ходить**. It is used to make a general enquiry about, or state in a general way, where someone has recently gone or been:

Куда ты ходил вчера? Я ходила в театр.	'Where did you go yesterday? I went to the theatre.'

The meaning of **ходить** in this unspecific sense is similar to that of **быть** and **делать** in the following examples:

Где ты был вчера? Я была в театре.	'Where were you yesterday. I was at the theatre.'
Что ты делала вчера? Я ходила в театр./Я была в театре.	'What did you do yesterday? I went to/was at the theatre.'

As with **делать** and **быть**, **ходить** is imperfective.

When the subject of the general enquiry implies a longer journey (that could not have been made on foot), for example when asking whether one has been away anywhere, then the verb **ездить** is used. Thus, for example: **Куда вы ездили летом? Мы ездили во Францию.** — 'Where did you go this summer? We went to France.' The same response (**Мы ездили во Францию.**) might equally serve to answer the questions **Где вы были летом? Что вы делали летом?** — 'Where were you this summer? What did you do this summer?'

The prepositions **в** *and* **на** + *accusative case after verbs of motion*: Note that after **ходить/ездить** the prepositions **в/на** are followed by the accusative case to indicate motion towards a place, for example, **Куда ты ходил? В город.** — 'Where did you go (to)? To town.'

Compare the use of the same prepositions **в/на** with the meaning 'in, at', followed by the prepositional case, after verbs indicating location, such as **быть** or **жить**:

Destination (в/на + *accusative*)		Location (в/на + *prepositional*)	
Я ходила в театр.	'I went to the theatre.'	**Я была в театре.**	'I was at the theatre.'
Они ходили в бар.	'They went to a bar.'	**Они были в баре.**	'They were in a bar.'
Он ходил на рынок.	'He went to the market.'	**Он работает на рынке.**	'He works in the market.'

Note that sentences indicating motion answer the question **куда** ('whither, where'), while those indicating location answer the question **где** ('where'):

Куда ты ходила вчера? Я ходил в цирк.	'Where did you go yesterday? I went to the circus.'
Где ты была вчера? Я была в центре.	'Where were you yesterday? I was in the (city) centre.'

When a destination is referred to, it may be named (e.g., 'to hospital'), or the person with whom a place is associated may be mentioned. In English when someone's home is referred to, the possessive form of their name is used: 'to Mary's'; when a person's place of work is referred to, the person, and sometimes the possessive form of the person, is used: 'to the doctor; to the doctor's'.

In Russian, to express motion to a place associated with a person (either their home, or their place of work) the preposition **к** followed by the dative case is used:

Я ходил к врачу.   'I went to the doctor.'

Very often in conversational Russian the verb 'to go' is not explicitly stated:

Ты на стадион?	'Are you going to the stadium?'
Куда ты?	'Where are you off to?'
— **Куда ты собираешься?**	'Where are you heading?'
— **В театр.**	'To the theatre.'
— **На что?**	'To what?'
— **На «Дядю Ваню».**	'To *Uncle Vanya.*'

The concept of motion is contained in the adverbials of place (**куда?** and **на стадион**).

Exercise 1

Answer the questions using the verb **ходить** according to the model.

Model: Где ты был(а) вчера? (театр)
          Я ходил(а) в театр.

1 Где ты был вчера? (стадион)   4 Где она была вчера? (выставка)
2 Где он был вчера? (кино)   5 Где они были вчера? (институт)
3 Где вы были вчера? (мы: кафе) 6 Где вы были вчера? (я: город)

Exercise 2

Supply the appropriate places in the gaps. Select your answers from the list supplied below.

Places: Большой театр, Дворец спорта, дискотека, Дом Дружбы, кинотеатр «Россия», Ленинградский вокзал, Московская консерватория, Третьяковская галерея, Центральный стадион

1 Вчера Катя встречала друзей на __.
2 Во вторник мы смотрели новый фильм в __.
3 В прошлую субботу они смотрели гимнастику во __.
4 Студенты отмечали конец учебного года на __.
5 Туристы слушали романсы Чайковского в __.
6 Они вчера смотрели премьеру балета «Лебединое озеро» в __.
7 Мой брат был вчера на футбольном матче на __.
8 Туристы посещали выставку картин Репина в __.
9 Моя подруга встречалась с писателем в __.

Exercise 3

Rewrite the sentences in Exercise 2 according to the model.

Model: Вчера Маша смотрела новый балет в Большом театре.
        Вчера Маша ходила в Большой театр смотреть новый балет.

Exercise 4

Supply appropriate destinations from the list supplied below.

Destinations: горы, граница, дача, Домский собор, Камчатка, Крым, курорт, лес, озеро Байкал, Чёрное море

1 Прошлой зимой мы ездили в __ кататься на лыжах.
2 В субботу они ездили в __ собирать грибы.
3 Прошлым летом я ездила в отпуск на __ в Крым.
4 Он ездил на __ работать на огороде.
5 В июне мы ездили на __ загорать на пляже.
6 Туристы ездили в __ слушать органную музыку.
7 Безработный ездил за __ искать работу.
8 Геологи ездили на __ изучать вулканы.
9 Литературоведы ездили в __ осматривать чеховские места.
10 Рыболов ездил на __ ловить рыбу.

Exercise 5

Insert appropriate forms of the verb **ходить** (infinitive, present tense or past tense) in the spaces provided.

1   — Куда ты __ вчера вечером? — Я __ в театр.
2   — Ты любишь __ в кино? — Да, люблю. — И часто __? — К сожалению, нет.
3   — В понедельник я __ на выставку? — На какую? — __ в Третьяковку, на выставку икон. — И понравилась? — Да, очень.
4   — Вы часто __ на концерты? — Да, часто. — А на какие? — Я __ на все концерты Аллы Пугачёвой.
5   — Ты вчера __ в Большой театр? — Нет, к сожалению, не __. А ты? — __. На премьеру балета Чайковского. — Ты часто __ на примьеры? — Да, очень. Мы с мужем очень любим __ на новые балеты.
6   — Аня, куда ты __ вчера? — В театр. — Ты любишь __ в театр? — Люблю, часто __.

Exercise 6

Construct simple dialogues according to the model.

Model: ты, театр, «Дядя Ваня»
           — Куда ты собираешься?
           — В театр.
           — На что?
           — На «Дядю Ваню»

1   она, опера, «Евгений Онегин»
2   вы, кино, этот новый английский фильм
3   ты, гости, Саша
4   он, музей, выставка французских импрессионистов

Exercise 7

Insert appropriate nouns in the spaces provided. Select the verbs from the list supplied below.

Model: Куда ты собираешься?
           На __ смотреть футбольный матч.
           На стадион смотреть футбольный матч.

Nouns: вокзал, врач, дача, дискотека, институт, концертный зал, лес, море, почта, профессор, родители, театр

Куда ты собираешься?

1 — На __ отправить письмо.
2 — В __ слушать романсы Чайковского.
3 — В __ смотреть пьесу Петрушевской.
4 — На __ встречаться с друзьями.
5 — В __ слушать лекцию о современном русском искусстве.
6 — На __ встретить друга из Киева.
7 — На __ отдыхать.
8 — В __ собирать грибы.
9 — На __ загорать на пляже.
10 — К __ поговорить об экзамене.
11 — К __ пообедать.
12 — К __ посоветоваться.

UNIT TWENTY-FOUR
Revision unit

Exercise 1

Write ten sentences indicating who studies what subject and where, using the information supplied below. **Кто кем где занимается?**

Model: Студенты на филфаке занимаются фонетикой в лингафонном кабинете.

Who: пианист, химик, художник, гимнаст, аспирант, певица, футболист, балерина

What: футбол, научная работа, рисование, музыка, танцы, пение, гимнастика, химия

Where: лаборатория, стадион, спортзал, читальный зал, консерватория, мастерская, хор, балетная школа

Exercise 2

Match the following questions and answers.

Questions:
1 Чем занимается Евгений Кафельников?
2 Вы часто ходите в театр?
3 Как вы отдыхаете?
4 Какое у вас любимое занятие?
5 Чем ты занимаешься в университете?
6 Вы увлекаетесь спортом?
7 Она театром интересуется?
8 Чем занимается Никита Михалков?
9 Геннадий Зюганов политикой занимается?
10 Чем ты занимаешься в свободное время?

Answers:
a Рисованием.
б Рисование.

в Да, я волейболист.
г Да, я театралка.
д Занимаюсь спортом.
е Теннисом.
ж Да, она артистка!
з Он кинорежиссёр.
и Русским языком.
к Да, он лидер коммунистов в России.

Exercise 3

Select appropriate answers to the questions from the list of names supplied below.

Names: Искандер, Каспаров, Плисецкая, Попов, Менделеев, Канчельскис, Курникова, Ландау

1 Кто занимается футболом?
2 Кто занимается литературой?
3 Кто занимается балетом?
4 Кто занимается плаванием?

5 Кто занимается шахматами?
6 Кто занимался химией?
7 Кто занимался физикой?
8 Кто занимается теннисом?

Exercise 4

Fill in appropriate words and phrases in the gaps. Select the words and phrases from the list supplied below.

Answers: в свободное время, всё, ещё, живу, занимаюсь, интересоваться, иститута, поступил, родился, учился

Биография артиста

Я __ в Смоленске. __ в школе я начал __ театром. В __ играл в пьесах. После школы __ в РАТИс*. Пять лет там __. После окончания __, поступил во МХАТ*. Теперь я артист, __ время __ театром. __ в Москве.

* РАТИс: Российская академия театрального искусства
* МХАТ: Московский художественный академический театр

Exercise 5

Choosing from the verbs **кататься**, **играть** and **ходить**, make sentences from the list according to the model.

Model: я, лыжи, футбол
        Раньше я катался на лыжах, а теперь играю в футбол.

1 я, кино, театр	4 Саша, библиотека, бассейн
2 он, футбол, коньки	5 Нонна, лыжи, теннис
3 она, рояль, карты	6 он, школа, университет

Exercise 6

Answer the following questions according to the model. Note that the noun direct object is replaced by a verbal construction in the answer.

Model: Вы любите плавание? (бассейн)
          Да, люблю плавать и часто хожу в бассейн.

1 Вы любите лыжи? (лес)
2 Вы любите волейбол? (Дворец спорта)
3 Вы любите коньки? (спортивная площадь)
4 Вы любите футбол? (стадион)
5 Вы любите шахматы? (клуб)
6 Вы любите теннис? (Лужники)

Exercise 7

Match the questions and answers.

Questions:

1 Ты на баяне играешь?
2 Курникова в волейбол
   играет?
3 Карпов футболист?
4 На чём ты играешь?
5 Во что вы играете?
6 Как называется этот
   инструмент?
7 Ты любишь ходить в
   бассейн?
8 Вы часто ходите в театр?
9 Вы любите кататься на
   лыжах?
10 Ты часто ходишь в кино?
11 Вы любите кататься на
   велосипеде?
12 Вы любите ходить в кафе?

Answers:

а Я туда хожу когда идёт хорошая
   пьеса.
б На гитаре.
в В городе нет, потому что это
   опасно, а на даче очень люблю.
г Да, я очень люблю плавать.
д Баян.
е Нет, в теннис.
ж Очень, особенно хорошо
   кататься в лесу под Москвой.
з Раньше ходил очень часто, а
   теперь практически никто не
   ходит в кино.
и Да, люблю сидеть там и пить
   кофе.
к Нет, на балалайке.
л Нет, он играет в шахматы.
м В теннис.

Exercise 8

Complete the following sentences by supplying appropriate prepositions in the gaps and putting the nouns in brackets into the appropriate case.

1   Пётр очень талантливый музыкант. Хорошо играет __ (скрипка).
2   Летом мы ездили __ (Париж).
3   Она специалист __ (химия).
4   Когда вы были __ (Россия)?
5   Мы часто играли __ (карты) __ (дача).
6   Я его хорошо знаю. Он друг __ (работа).

UNIT TWENTY-FIVE

Themes and topics

- The preposition **o**

The preposition **o** (**об, обо**): The prepositional case is required after the preposition **o** (**об, обо**), in its meaning 'about, concerning':

Я говори́л о шко́ле.	'I was speaking about school.'
Она́ писа́ла статью́ о стадио́не.	'She was writing an article about the stadium.'

Before a noun beginning with a vowel (except **e, я, ю**), **об** is used instead of **o**:

Я чита́л об э́том.	'I was reading about that.'
Она́ мно́гозна́ет о Япо́нии.	'She knows a lot about Japan.'

In front of **мне** (prepositional case of **я**), **o** becomes **обо**:

Она́ писа́ла в газе́те обо мне.	'She wrote about me in the newspaper.'

Prepositional case of **кто, что**: **чём** is the prepositional case of **что**; **ком** is the prepositional case of **кто**:

О чём ты пи́шешь? О жи́зни на Украи́не.	'What are you writing about? About life in Ukraine.'
О ком ты пи́шешь? О Ельци́не.	'Who(m) are you writing about? About Yeltsin.'

Exercise 1

Write sentences according to the model.

Model: пье́са: жизнь в Москва́
О чём была́ пье́са? О жи́зни в Москве́.

1	кни́га: любо́вь	4	но́вости: Росси́я
2	статья́: Ельци́н	5	рома́н: Ле́нин
3	переда́ча: Кремль	6	фильм: война́

Exercise 2

Write sentences according to the model.

Model: студенты, думать, вступительные экзамены
        Студенты думают о вступительных экзаменах.

1 дети, рассказывать, летние каникулы
2 новые русские, говорить, деньги
3 журналист, писать, женщины в России
4 певица, петь, бульвары Москвы
5 бедные, думать, богатые
6 родители, думать, дети

Exercise 3

Insert appropriate words in the spaces provided. Select the words from the list supplied below.

Answers: встреча, визита, выход, закрытие, наша поездка, открытие, премьер, погода на сегодня, тема

1 Мы договорились о — в метро.
2 Вы слышали о — выставки?
3 Откуда вы узнали о — лекции?
4 Сообщили по радио о — президента России в Индию.
5 Писали в газете об — новой станции метро.
6 Мы забыли о — нового балета.
7 По местному радио передают о —.
8 Мне сказали о — книги в печать.
9 Я всё время думаю о — в Турцию.

Exercise 4

Insert appropriate words in the spaces provided. Select the words from the list supplied below.

Answers: новое расписание, твой приезд, результаты, поездка, экскурсия

1 — Мать знает о —? — Да, я ей писал.
2 — Он знает о — экзаменов? — Да, я ему звонил.
3 — Маша знает о — на Кавказ? — Да, я ей уже рассказывал.
4 — Туристы знают об — завтра в Клин? — Да, я с ними разговаривала за завтраком.
5 — Ты знаешь о —? — Да, читала на доске объявлений на кафедре.

Exercise 5

Insert appropriate phrases in the spaces provided. Select the phrases from the list supplied below.

Answers: броненосец «Петёмкин», жизнь в русской провинции, отечественная война с Наполеоном, романы Толстого, природа и любовь, современная музыка, экономика современной России

1   В понедельник мы смотрели пьесу Островского о —.
2   Вчера по радио я слушала передачу о —.
3   Вчера я читала роман Толстого об —.
4   Недавно я смотрела интересный фильм Эйзенштейна о —.
5   Позавчера я читал интересную статью в газете «Коммерсантъ» об —.
6   На уроке мы читали стихи Пушкина о —.
7   Вчера вечером мы слушали лекцию на кафедре русской литературы о —.

UNIT TWENTY-SIX
Doing things for others

- Indirect objects (the dative case)

The indirect object: One of the primary functions of the dative case is to express the indirect object. The indirect object, like the subject, often refers to a person. However their respective roles are very different. For instance, in the sentence 'She read me the letter' 'She' is the subject of the verb, the person performing the reading, while 'me', the indirect object, indicates for whose benefit the reading was being done. 'Letter' is the direct object of the verb. In Russian 'She' is in the nominative case (**Она**), 'the letter' is in the accusative case (**письмо**), while 'me' goes into the dative case of **я** (**мне**):

Subject nominative	*Verb*	Indirect object dative	Direct object accusative
Она	**прочитала**	**мне**	**письмо.**
'She	read	me	the letter'

The indirect object should not be confused with the direct object. The direct object refers to the person or object acted upon, while the indirect object is always at one remove from the action: he or she witnesses the action, benefits from the action, suffers from the action, etc. Thus, in the sentence **Она купила мне книгу** — 'She bought me a book', **книгу** 'a book', the direct object, names the object which has changed hands and goes into the accusative case. The indirect object, **мне** 'me', refers to the person who benefits from the transaction, and goes into the dative case.

Example	*Indirect object*	*Direct object*
Она дала ему деньги.	**ему**	**деньги**
'She gave him the money.'	him	the money
Она дала книгу Анне.	**Анне**	**книгу**
'She gave the book to Anna.'	Anna	the book
Она сказала сыну правду.	**сыну**	**правду**
'She told her son the truth.'	son	the truth

As a rule of thumb it might be helpful to note that in sentences where there is a subject + verb + inanimate object + animate object, the inanimate object is always the direct object (expressed in Russian by an accusative) and the animate object always the indirect object (expressed in Russian by a dative and in English by a noun with 'to' or 'for').

Sometimes a verb in the infinitive, or a whole clause, may perform the same function as an inanimate object. In these cases, as in the instances listed above, the person in whose interests the action was performed is the indirect object and realised in Russian by a dative. For example, in the sentence

Он посоветовал нам сходить на выставку.	'He advised us to go to the exhibition.'

the infinitive clause **сходить на выставку** — 'to go to the exhibition' plays the same grammatical role as a direct object. The indirect object here is **нам** 'us'. Similarly, in the sentence

Она попросила студентов не курить.	'She asked the students not to smoke.'

the direct object is **студентов** — 'the students' (in the accusative case), while the negated infinitive **не курить** — 'not to smoke' plays the role of direct object.

Exercise 1

Complete the following sentences. Select the appropriate word from the list supplied below.

Nouns: библиотекарь, больной, внук, знакомые, контролёр, инспектор ГАИ, сын, туристы, ученики, учитель

1 Врач разрешает __ вставать.
2 Дедушка часто рассказывает своим __ о войне.
3 Учитель объясняет урок __.
4 Экскурсовод советует __ посмотреть выставку.
5 Вчера отец купил __ велосипед.
6 Студент обещал __, что вернёт книгу сегодня.
7 Я передала письмо своим __ в Москве через Бориса.
8 1-ого сентября ученики приносят цветы __.
9 Пассажир показал билет __ и сел на своё место.
10 Водитель платит штраф __.

Exercise 2

Insert appropriate verbs in the past tense in the spaces provided. Select the verbs from the list supplied below.

Verbs: обещать, объяснить, передать, посоветовать, разрешать, рассказывать, сообщить

1 Аня __ матери прийти сегодня пораньше.
2 Врач __ больному переменить климат.
3 Я __ ему все новости при встрече.
4 Мама не __ мне купаться в реке.
5 Он очень хорошо __ нам значение этого слова.
6 Он __ отцу, что сестра уезжает из Москвы.
7 Дедушка очень интересно __ о своих путешествиях.

Exercise 3

Insert appropriate verbs in the past tense in the spaces provided. Select the verbs from the list supplied below.

Verbs: вернуть, дать, купить, передать, писать, подарить, показывать, принести

1 Она ей __ книгу на день рождения.
2 Нашим соседям __ трёхкомнатную квартиру в новом доме.
3 Перед тем, как уйти на пенсию, он __ дела своему сыну.
4 Сегодня утром почтальон __ нам письма и газеты.
5 Мы часто __ родителям открытки с Камчатки.
6 Я __ брату деньги.
7 Ребёнок __ другу свой альбом с марками.

Exercise 4

Write sentences according to the model.

Model: мать, дать, книга, Миша
        Мать дала книгу Мише.

1 дедушка, подарить, внук, игрушка
2 Сара, передать, учительница, упражнения
3 дети, купить, родители, подарки
4 я, написать, мать, письмо
5 она, показать, мы, новая квартира
6 они, вернуть, они, бутылки
7 почтальон, принести, мы, письма

Exercise 5

Match the questions and answers.

	Questions:		*Answers:*
1	Кто дал ему эти деньги?	а	Нет, сестре.
2	Кому вы купили цветы?	б	Нет, по-моему, Витя.
3	Он это тебе сказал?	в	Купил.
4	Нам принёс подарки Саша?	г	Анна Антоновна.
5	Ты нам билеты купил?	д	Не курить.
6	Что попросил тебя врач?	е	Ане.

UNIT TWENTY-SEVEN
Expressing likes and dislikes

* нравиться

Likes and dislikes: **нравиться/понравиться**: To 'like' something in Russian is usually expressed with the verb **нравиться/понравиться** — 'to be pleasing'. The statement 'I like the book' becomes in Russian, literally, 'The book is pleasing to me' (**Мне нравится книга**). The thing that is liked goes into the nominative case (as the subject), the verb agrees with the subject in number (and in the past also in gender), while the person who is doing the liking (the logical subject) goes into the dative case, to express the notion 'to me'.

Мне нравится книга.	'I like the book.'
Тебе нравятся книги?	'Do you like the books?'
Ему понравился фильм.	'He liked the film.'
Нам понравились твои друзья.	'We liked your friends.'
Вам понравилась книга?	'Did you like the book?'
Им понравился спектакль.	'They liked the show.'

Note that in the past tense the perfective (**понравиться**) is nearly always used to express a person's response to something: a film, play, book, meeting, etc. The imperfective is rarely used in the past or future tense of this verb.

The grammatical subject of the verb **нравиться** may either be a noun, as in the examples above, or a verb:

Ей нравится кататься на лодке.	'She likes boating.'
Ему нравится слушать музыку.	'He likes listening to music.'

Exercise 1

Write sentences according to the model.

Model: ты, этот дом?
        Тебе нравится этот дом?

1 я, эта девушка.
2 она, эта картина.
3 он, этот фильм.
4 мы, её подруги.
5 вы, эти подарки?
6 ты, эта дача?

Exercise 2

Complete the following sentences using the nouns supplied below: **Что кому нравится делат?**

Nouns: волейболист, гимнаст, музыкант, певец, пианист, студент, турист, учёный, футболист, хоккеист

1 — нравится ездить на экскурсии.
2 — нравится заниматься гимнастикой.
3 — нравится играть в волейбол.
4 — нравится играть в оркестре.
5 — нравится играть в футбол.
6 — нравится играть в хоккей.
7 — нравится играть на рояле.
8 — нравится петь в хоре.
9 — нравится слушать лекции.
10 — нравится читать книги по специальности.

Exercise 3

Match the people and objects. Write ten sentences stating who likes what: **Кому что нравится?**

People:	*Objects*:
1 балерина	а балет «Спящая красавица»
2 дети	б симфония Чайковского
3 зрители на концерте	в романы Толстого
4 наш преподаватель по русской литературе	г экскурсия по городу
	д спектакль во МХАТе
5 певица	е конфеты
6 пианист	ж сонаты Моцарта
7 зрители	з стадион Динамо
8 театральные критики	и старые романсы
9 туристы	к новый фильм
10 футболист	

Exercise 4

Write short dialogues according to the model.

Model: Вам нравится Глазго?
        Да, но Дублин нравится больше.

1   Его картины понравились? (её)
2   Москва понравилась? (Саратов)
3   Ахматова нравится? (Пастернак)
4   Фильм понравился? (пьеса)
5   «Независимая газета» нравится? («Известия»)
6   Кататься на велосипеде нравится? (ездить поездом)

Exercise 5

Write dialogues according to the model.

Model: ты, книга? Нет/Да.
          Тебе понравилась книга?
          Нет, совсем не понравилась./Да, очень понравилась.

1   ты, роман Маканина? Да.
2   она, новый фильм Михалкова? Нет.
3   Дети, Петербург? Да.
4   Публика, картины? Нет.
5   Туристы, гостиница? Нет.
6   Она, Греция? Да.

Exercise 6

Using the information supplied below, write short dialogues based on the model.

Model: Большой театр, балет Чайковского, «Лебединое озеро»,
          Да/Нет.
          Dialogue:
          — Вчера я ходил(а) в Большой театр на балет Чайковского
            «Лебединое озеро».
          — Тебе понравился балет?
          — Да, очень понравился./Нет, совсем не понравился.

1   Московская консерватория, Шестая симфония Чайковского, Да.
2   Большой театр, опера Чайковского «Евгений Онегин», Нет.
3   Третьяковская галерея, выставка картин Репина, Да.
4   Малый театр, драма Островского «Гроза», Да.
5   МГУ, лекция об истории Москвы, Нет.
6   Центральный стадион, футбольный матч, Нет.
7   МХАТ, пьеса Чехова «Дядя Ваня», Да.

UNIT TWENTY-EIGHT
Seeking reactions and opinions

- Interrogative sentences (**что ты думаешь, как ты думаешь**)

Seeking someone else's view on something: There are three common ways in Russian to phrase a question seeking an opinion:

- where the object on which an opinion is sought is expressed as a noun:

  Что ты думаешь о пьесе?   'What do you think of the play?'

- where the question is in the main clause and the object on which an opinion is sought is in a subordinate clause:

  Ты думаешь, что пьеса хорошая?   'Do you think the play is any good?'

- where the enquiry is made up of two questions:

  Как ты думаешь, пьеса хорошая?   'Well, what do you think, is the play any good?'

In this third type of enquiry the first, preliminary question (**Как ты думаешь, . . .**) alerts the other person that what is to follow will be a question requiring his or her opinion. In other words, the preliminary question gives notice of a forthcoming question requiring an opinion. Such preliminary questions are always separated from the following statements by a comma and are syntactically unlinked to the questions that follow (cf. Unit 22):

Как ты думаешь, Ельцин хороший президент?	'What do you think, is Yeltsin a good president?'
Как вы считаете, Париж красивый город?	'What do you think, is Paris a beautiful city?'
Как вы думаете, Достоевский хороший писатель?	'What do you think, is Dostoevsky a good writer?'

Expressing one's view on something: There are various ways in Russian to express one's opinion on something:

- **по-моему** — 'in my opinion', usually comes at the beginning of the sentence and is syntactically unlinked to the opinion that follows: — **Как** ты думаешь, Ельцин хороший президент? — По-моему, да. — 'What do you think, is Yeltsin a good president? In my opinion, yes.' Note that the comma is *obligatory* after **по-моему**.

- **прав (права), согласен (согласна)**: Common expressions to express agreement are **Ты прав(а)** — 'You are right' or **Я согласен (согласна)** — 'I agree'. These are negated to express disagreement: **Ты не прав(а), Я не согласен (согласна)**.

— По-моему, Париж красивый город. — Ты прав, Борис. Париж очень красивый город.	'In my view Paris is a beautiful city. You are right, Boris.'
— Ельцин, по-моему, хороший президент. — Я не согласна с тобой. По-моему, он плохой.	'Yeltsin, in my opinion, is a good president. I disagree with you. In my opinion he's bad.'

Note that the comma is *obligatory* after these expressions.

Both **прав(а)** and **согласен (согласна)** are so-called 'short form' adjectives, which only have nominative forms. Their endings are as follows:

masculine singular:	**я, ты, он прав**	**я, ты, он согласен**
feminine singular:	**я, ты, она права**	**я, ты, она согласна**
plural:	**мы, вы, они правы**	**мы, вы, они согласны**

Exercise 1

Write short dialogues according to the model by matching people's names with appropriate opinions of them.

Model: — Как вы думаете, Чехов талантливый писатель?
        — По-моему, да.

People:		*Opinions*: талантливый:	
1	Чехов	а	артист
2	Ахматова	б	композитор
3	Шагал	в	музыкант
4	Горбачёв	г	певец
5	«Анна Каренина»	д	писатель
6	Владимир Высоцкий	е	политик
7	Святослав Рихтер	ж	поэт
8	Олег Меньшиков	з	роман
9	Глинка	и	художник

Exercise 2

Match the questions and answers.

Questions:
1 Пьеса понравилась?
2 Как вы думаете, квартиры в Москве дорогие?
3 Вам понравились его родители?
4 Как тебе её новая дача?
5 По-вашему, Цветаева хороший поэт?
6 А Никита Михалков нравится?

Answers:
а Отец, да, а мать совсем не понравилась.
б Понравилась, но артисты не очень.
в По-моему, да, она пишет очень хорошо.
г Как человек, нет, а как артист, он талантлив.
д Нравится. Место красивое.
е По-моему, очень, особенно в центре.

Exercise 3

Write short dialogues according to the model.

Model: слушать, новая песня Киркорова, неплохой
         — Ты слушал(а) новую песню Киркорова?
         — Слушал.
         — А как она тебе?
         — По-моему, она неплохая.

1 читать, новый роман Аксёнова, очень хороший
2 ходить, новая выставка Глазунова, интересный
3 смотреть, новая пьеса Петрушевской, совсем неинтересный
4 видеть, новая гостиница на Невском, красивый
5 быть, новый магазин на Арбате, дорогой
6 ужинать, новый ресторан, неплохой

Exercise 4

Insert appropriate expressions of opinion in the spaces provided. Select the expressions from the list supplied below.

Expressions of opinion: думаю; кажется; как вам; понравился; по-моему; прав; согласна; считаешь

1 — Ну, __ спектакль? — __, интересный.
2 — Как вам __ спектакль? — Мне спектакль не очень понравился.

3   Мне __, что вопросы на экзамене были нетрудные.
4   Я __, что поездка будет интересная.
5   Как ты __, «Динамо» победит в этом матче?
6   Борис, ты __ . Фильм блестящий.
7   Я __ с тобой, Валентин — способный студент, но он мало работает.

Exercise 5

Re-order the sentences in the following exchanges.

1   а. — Да так себе. б. — И как они тебе? в. — Прочитал. г. — Ты
    прочитал новые рассказы Искандера в последнем номере «Нового
    мира»? д. — Я бы этого не сказал. По-моему, повесть очень
    интересная.
2   а. — Он тебе понравился? б. — Конечно. в. — Ну что ты! А мне
    показался интересным. г. — Вера, ты смотрела новый фильм
    Михалкова? д. — Нет, что ты! Он мне показался очень слабым.
3   а. — А мне очень понравилась. б. — Никак. А тебе? в. — Как тебе
    понравилась выставка картин Глазунова? г. — Я с тобой совсем не
    согласна. Как художник он довольно слаб.

UNIT TWENTY-NINE
Revision unit

Exercise 1

Insert appropriate prepositions in the spaces provided to complete the following definitions.

Model: Чайник = сосуд ___ заварки чая ___ ручкой и носиком
         Чайник = сосуд для заварки чая с ручкой и носиком.

1 Бутылка = сосуд ___ хранения жидкостей ___ стекла.
2 Зонтик = приспособление ___ защиты ___ дождя и солнца.
3 Квартира = помещение ___ одной или нескольких комнат и кухни.
4 Лебедь = большая красивая птица ___ длинной и гибкой шеей.
5 Лимонад = сладкий напиток ___ лимонным вкусом.
6 Магазин = помещение ___ торговли.
7 Неделя = период времени ___ семь дней.
8 Открытка = специальная почтовая карточка ___ открытого письма.
9 Переводчик = специалист ___ переводу с одного языка на другой.

Exercise 2

Insert appropriate prepositions in the spaces provided to complete the titles of Russian stories, plays and novels.

Model: Горе ___ ума (Грибоедов)
         Горе от ума (Грибоедов)   *Woe from Wit.*

1 Господин ___ Сан-Франциско (Бунин)
2 Дама ___ собачкой (А. Чехов)
3 Деньги ___ Марии (В. Распутин)
4 Дом ___ мезонином (Чехов)
5 Записки ___ мёртвого дома (Ф. Достоевский)
6 Прощание ___ Матёрой (В Распутин)
7 Роман ___ девяти письмах (Ф. Достоевский)
8 Сандро ___ Чегема (Ф. Искандер)

9 Человек ___ футляре (А. Чехов)
10 Школа ___ дураков (С. Соколов)
11 Надежда ___ надежды. (Н. Мандельштам)

Exercise 3

Replace the adjective by an equivalent noun phrase.

Model: деревянные игрушки
        игрушки из дерева

1 стеклянная ваза
2 золотая медаль
3 пятитомное издание
4 сероглазый мужчина
5 книжный шкаф
6 светловолосая женщина
7 одноногий пират
8 бездетная семья
9 болгарские спортсмены
10 детская литература
11 двухкомнатная квартира
12 меховая шуба
13 японский журналист
14 безбилетный пассажир
15 трёхсерийный фильм
16 безалкогольный напиток

Exercise 4

Match the questions and answers.

Questions:
1 Ты по химии сдавал экзамен?
2 По чему ты сдавал сегодня экзамен?
3 Она специалист по французской литературе?
4 Это учебник по английскому языку?
5 О ком она читала лекцию?
6 О чём статья?

Answers:
а Нет, по английской.
б О Ленине.
в О Китае.
г По русской литературе.
д Нет, по физике.
е Нет, по русскому.

Exercise 5

Match the writers and subject areas listed below. Write sentences stating who wrote about what.

Writers:
1 Бахтин
2 Лотман
3 С. Булгаков
4 Успенский
5 Шкловский

Subject areas:
а иконы
б лингвистка
в ежедневная жизнь декабристов
г психология
д экономика

6 Якобсон	е теория прозы
7 Волкогонов	ж поэтика Достоевского
8 Павлов	з советская история
9 Гайдар	и православие

Exercise 6

Answer the following questions. Select your answer from the list of newspapers and journals listed below.

Newspapers and journals: «Итоги», «Вопросы языкознания», «Вопросы философии», «Вопросы экономики», «Медицинская газета», «Советский спорт», «Работница», «Учительская газета», «Экран»

Model: — Скажите, в каком журнале или газете пишут о политике России?
          — В «Независимой газете».

1 Скажите, в каком журнале или газете пишут о проблемах экономики?
2 Скажите, в каком журнале или газете пишут о философии?
3 Скажите, в каком журнале или газете пишут о методике преподавания?
4 Скажите, в каком журнале или газете пишут о лингвистике?
5 Скажите, в каком журнале или газете пишут о медицине?
6 Скажите, в каком журнале или газете пишут о кино?
7 Скажите, в каком журнале или газете пишут о проблемах женщин?
8 Скажите, в каком журнале или газете пишут о спортивных событиях?
9 Скажите, в каком журнале или газете пишут о политических событиях?

Exercise 7

Put the words in brackets in an appropriate form. Verbs in brackets should go into the past tense.

1 (Мы) очень (понравиться) цветы.
2 Она (они) показала (новая квартира).
3 (Ты) (понравиться) спектакль?
4 (Кто) ты дал (моя книга)?
5 Какая картина (ты) (понравиться)?
6 Она купила (она) (красивая картина).

Exercise 8

Complete the following questions by choosing the appropriate form of **кто** from the following list: **кто, кого, о ком, от кого, кем, кому.**

1 ___ ты дала мои деньги?   4 ___ ты получил письмо?
2 ___ ты видел на спектакле?   5 ___ была передача.
3 ___ ты работаешь?   6 ___ он такой?

UNIT THIRTY
Counting things

• Quantifiers (**сколько, много, мало,** cardinal numbers)

In English many words expressing quantity are followed by 'of': 'plenty of, a lot of, most of, few of', etc. In Russian most expressions of quantity are associated with the genitive case. The interrogative **сколько** (how many, how much) followed by the genitive plural is used to ask about quantity:

Сколько студентов было на экскурсии?	'How many students were on the excursion?'

The quantifiers **много** (many, a lot of), **мало** (few) supply a non-specific answer (many, a few) and also govern a genitive plural noun.

На экскурсии было много (мало) студентов.	'There were a lot of (a few) students on the excursion.'

Note that the verb is in the neuter singular form, agreeing with the quantifier (**много, мало**) which is its subject.

Numerals and nouns: When supplying a specific answer to the question **сколько** (how many, how much), the genitive singular is required after the numerals **два** (masc.)/**две** (fem.), **три, четыре** (two, three, four); it is also required when these numbers are the final component of a compound numeral:

На экскурсии было два (двадцать два, тридцать два, . . .) студента.	'There were two (twenty-two, thirty-two, . . .) students on the excursion.'

The genitive plural is required after the numerals from 5 to 20 and thereafter when the numbers 5, 6, 7, 8, 9, 0 are the final component of a compound numeral:

На экскурсии было пять (двадцать пять, тридцать пять, . . .) студентов.	'There were five (twenty-five, thirty-five, . . .) students on the excursion.'

Note: When a numeral is, or ends in, **один** (masc.), **одна** (fem.) or **одно** (neut.) the nominative case is used and the noun and verb are in the singular:

На экскурсии был один (двадцать один, тридцать один, . . .) студент.	'There was one (were twenty-one, thirty-one, . . .) student(s) on the excursion.'

Some common genitive plural forms are irregular and therefore must be learnt separately:

Reference to people:

человек → сколько человек	'person → how many people'
друг → сколько друзей	'friend → how many friends'
ребёнок → сколько детей	'child → how many children'
брат → сколько братьев	'brother → how many brothers'
сын → сколько сыновей	'son → how many sons'
дочь → сколько дочерей	'daughter → how many daughters'

Reference to time:

год → сколько лет	'year → how many years'

Exercise 1

Select an appropriate word from the list below to complete the following sentences.

Words: билеты, вопросы, деньги, залы, каналы, картины, музыканты, пассажиры, романы, сёстры, студенты, фильмы, цветы

1 В Петербурге много __.
2 Мне подарили много __.
3 В кассе осталось мало __.
4 На выставке мало русских __.
5 Сколько у вас братьев и __?
6 В этом поезде мало __.
7 В Эрмитаже много __.
8 Толстой написал много __.
9 У новых русских много __.
10 В МГУ учится много __.
11 В Думе решают много __.
12 Сколько __ в этом оркестре?
13 На кинофестивале показывали много __.

Exercise 2

Put the following nouns into the genitive singular and the genitive plural.

Masculine: брат, студент. билет, журнал, час, месяц, музей, трамвай, преподаватель, рубль, день, словарь

Feminine: сестра, комната, газета, страна, минута, подруга, студентка, книга, бутылка, тетрадь, лекция, экскурсия

Neuter: окно, письмо, лето, здание, занятие, упражнение

Exercise 3

Put the words in brackets in the correct form.

1 — Сколько времени? — Сейчас шесть часов пятнадцать (минута).
2 — Сколько (год) ты живёшь тут? — Я живу здесь восемь (год).
3 — Сколько у тебя (машина)? — У меня одна (машина).
4 — Сколько у Сергея (брат)? — У него три (брат).
5 — Когда ты придёшь? — В одиннадцать (час) две (минута).
6 — Сколько (месяц) ты работаешь в Москве? — Я работаю там три (месяц).

Exercise 4

Put the words in brackets in the correct form.

1 Сколько у вас (сестра)?
2 Сколько у него (брат)?
3 Сколько у неё (сын)?
4 Сколько у них (дочь)?
5 Сколько у тебя (друг)?
6 Сколько у него (деньги)?
7 Сколько (час)?
8 У меня одна (сестра).
9 У неё две (сестра).
10 У него пять (сестра).
11 У Саши два (брат).
12 У Иры шесть (брат).
13 У Володи много (деньги).
14 Сейчас пять (час).
15 Сколько (брат) у вас?
16 Сколько (деньги) у Ирины?
17 Сейчас в Москве шесть (час).
18 Сколько (время) ты был в Петербурге?
19 В Дублине три (университет).
20 Сколько в Москве (университет)?

Exercise 5

Put the words in brackets into the correct form and then answer the questions.

Model: (кинотеатры) Сколько кинотеатров в Москве? (113)
        — В Москве 113 кинотеатров.

1 (аэропорт) Сколько __ в Москве? (4)
2 (вид) Сколько __ транспорта в Москве? (7)
3 (вокзал) Сколько __ в Москве? (9)
4 (гостиница) Сколько __ в Москве? (55)
5 (государство) Сколько независимых __ в СНГ? (12)
6 (лаборатория) Сколько __ в МГУ? (360)
7 (линия) Сколько __ метро в Москве? (10)
8 (месяц) Сколько __ продолжаются школьные каникулы? (2–3)
9 (музей) Сколько __ в Москве? (67)
10 (преподаватель) Сколько __ работает в МГУ? (8 тысяч)

11 (река) Сколько __ в Москве? (2)

12 (республика) Сколько было __ в СССР? (15)

13 (собор) Сколько __ в Кремле? (4)

14 (станция) Сколько __ на кольцевой линии Московского метро? (12)

15 (студент) Сколько __ учится в МГУ? (28 тысяч)

16 (театр) Сколько __ в Москве? (37)

17 (факультет) Сколько __ в МГУ? (17)

18 (час) Сколько __ длится рабочая неделя? (40)

19 (человек) Сколько __ живёт в Москве? (10 миллионов)

20 (школа) Сколько средних __ в Москве? (1289)

Exercise 6

Complete the following sentences by supplying nouns and/or adjectives from the list below in the appropriate form.

Nouns and/or adjectives: год, депутат, друг, интересное, книга, мебель, новое, пожилой человек, рабочий, свободное время, студент, турист, человек

1 В комнате слишком много __.

2 В очереди стояло несколько __.

3 Из лекции профессора Н. мы узнали много __ и __.

4 На праздники в Москву приезжает много __.

5 Несколько __ собралось на демонстрацию.

6 Очень мало __ занимается спортом.

7 В Москве у меня много __.

8 После окончания унивеситета у него стало много __.

9 В Думе выступило несколько __ из Казани.

10 Прошло несколько __, и Паша вернулся на родину.

11 За лето он прочитал много __.

12 На лекции профессора Н. я встретил несколько его __.

UNIT THIRTY-ONE

Expression of age

- Dative case
- Adverbials of time (назад, через)

To express age in Russian the person whose age is being referred to goes into the dative case (e.g., мне, Ивану, Наташе), the number of years appears in the nominative case and the word for 'year' goes into the nominative singular (год), genitive singular (года) or genitive plural (лет), as appropriate (see Unit 30):

Person (*in dative*)	Number of years	
Мне	**двадцать один год.** (nominative singular)	'I am twenty-one.'
Ему (Мальчику)	**четыре года.** (genitive singular)	'He (the boy) is four.'
Ей (Ирине)	**сорок лет.** (genitive plural)	'She (Irina) is forty.'

Past tense: To express age in the past tense, the same formula is used with the addition of **было**, which *never* changes:

Person (*in dative*)	Past tense	Number of years	
Мне	**было**	**двадцать один год.**	'I was twenty-one.'
Ему (Мальчику)	**было**	**четыре года.**	'He (the boy) was four.'
Ей (Ирине)	**было**	**сорок лет.**	'She (Irina) was forty.'

Future tense: To express age in the future tense, the same formula is used with the addition of **будет**, which *never* changes:

Person (*in dative*)	Future tense	Number of years	
Мне	**будет**	**двадцать один год.**	'I will be twenty-one.'
Ему (Мальчику)	**будет**	**четыре года.**	'He (the boy) will be four.'
Ей (Ирине)	**будет**	**сорок лет.**	'She (Irina) will be forty.'

The expression used to ask someone's age in Russian is **Сколько вам (Ивану, ей,** etc.) **лет?** — 'How old are you (is Ivan, is she, etc.)'.

Adverbial of time **назад**: This adverbial expresses the notion 'ago' in Russian, the adverb **назад** is placed *after* the word expressing the amount of time:

Пятнадцать лет назад.	'Fifteen years ago.'

The expression of time before **назад** is in the accusative:

Неделю назад.	'A week ago.'

Adverbial of time **через**: This adverbial expresses the notion 'in two years' (two days', a week's) time', the preposition **через** is placed *before* the word expressing the amount of time. The preposition **через** takes the accusative case:

Через день (неделю, месяц, год, . . .**)**	'In a day's (week's, month's, year's, . . .) time.'

Words after numerals that follow **через** go into the accusative singular, or genitive singular or plural, as appropriate (see Unit 30):

Через один месяц.	'In one month's time.'
Через два дня.	'In two days' time.'
Через пять дней.	'In five days' time.'

Exercise 1

Complete the following sentences using **год, года,** or **лет** as appropriate.

1 Александру Максимовичу сорок два ___.
2 В субботу ей будет пять ___.
3 Светлане Андреевне пятьдесят девять ___.
4 Филиппу тридцать четыре ___.
5 Ей девяносто один ___.
6 Моей тёте пятьдесят три ___.
7 Алексею Авдееву сорок ___.
8 Ребёнку семь ___.
9 Студенту двадцать два ___.
10 Моей подруге восемьнадцать ___.

Exercise 2

Write simple sentences according to the model.

Model: он (20)
           Ему двадцать лет.

1   он (32)
2   она (25)
3   старик (88)
4   старшая сестра (50)
5   сын (7)
6   бабушка (71)

7   девочка (4)
8   ребёнок (1)
9   Михаил Кириллович (65)
10 Алла Павловна (64)
11 Олег (23)
12 Соня (44)

Exercise 3

Write sentences according to the model.

Model: я (19); мой брат (21)
        Мне девятнадцать лет, а моему брату двадцать один год.

1   я (37); моя сестра (34)
2   Лидия Фёдоровна (50); Николай Иванович (48)
3   Соня (22); Коля (21)
4   Саша (39); Вера (27)
5   Аня (15); Маша (13)
6   Лёня (17); Вика (18)
7   Алиса (6); Паша (4)

Exercise 4

Сколько ему (ей) лет сейчас? Work out the person's current age according to the model.

Model: Пять лет назад Маше было шесть лет.
        Сейчас ей одиннадцать лет.

1   Три года назад Сергею Николаевичу было шестьдесят лет.
2   Через два года брату будет двадцать три года.
3   Три года назад Лене было шестнадцать лет.
4   Через год мне будет сорок лет.
5   Пять лет назад Жене было тридцать семь лет.
6   Через неделю ей будет двадцать один год.
7   Через семь лет Вере Ивановне будет сорок семь лет.

Exercise 5

Match the questions with the answers.

Questions:		*Answers:*	
1	Когда твой день рождения?	а	Два года назад.
2	Сколько лет их преподавателю?	б	Через пять дней.
3	Оля ещё не пришла?	в	Три года.

4 Сколько лет твоему младшему   г Нет, пришла пять минут назад.
сыну?   д Сорок восемь лет.
5 Твой день рождения завтра?   е Нет, в субботу.
6 Когда вы ездили в Крым?

UNIT THIRTY-TWO
Dates

• Ordinal numbers

Ordinal numbers in Russian are adjectival in form: **пятый день** (masculine) — 'the fifth day'; **пятая картина** (feminine) — 'the fifth picture'; **пятое окно** (neuter) – 'the fifth window'. Like any adjective, the ordinal must agree in case, number and gender with the noun it is qualifying, e.g.:

nominative, singular, feminine: **первая лекция** — 'the first lecture'
prepositional, singular, feminine: **на первой лекции** — 'at the first lecture'
prepositional, plural: **на первых лекциях** — 'at the first lectures'

All the ordinals decline like hard adjectives in **-ый/ой**, except **третий**, which has a soft ending:

третий дом (nominative, singular, masculine)   'the third house'
из третьего дома (genitive, singular, masculine)   'from the third house'.

As in English, only the final element in compound ordinal numbers has an ordinal ending:

двадцать третий урок   'The twenty-third lesson'
тридцать седьмой год   '1937' (literally 'the thirty-seventh year')
в сорок первом году   'in 1941' (literally 'in the forty-first year').

Dates: *In a certain year*: To say that something takes place in a certain year, the preposition **в** is followed by the appropriate ordinal form of the numeral in the prepositional case. As explained above, only the final element of the numeral is treated as an ordinal, and only this final element is declined, the preceding elements remaining in the nominative case. The numeral is followed by the word for 'year' in the prepositional case (**году**):

Он родился в тысяча   'He was born in 1965' (literally 'in the
девятьсот шестьдесят пятом [one] thousand nine-hundred and
году.   fifty-sixth year').

Dates: *On a certain day in a month*: To say that an event falls on a certain day in a certain month, the date is expressed by an ordinal in the genitive case followed by the name of the month, also in the genitive case:

Я приехал третьего мая.	'I arrived on the third of May.'
Когда твой день рождения?	'When's your birthday?'
Пятого марта.	'On the third of March.'
Маша родилась шестого мая.	'Masha was born on the sixth of May.'

To add to the information in the above example the year when Masha was born (i.e., 'She was born on the sixth of May 1977'), use the genitive case of the year. Only the final element of the numeral is treated as an ordinal, so only this is put into the genitive, the preceding elements remaining in the nominative case. The numeral is followed by the word for 'year' in the genitive case (года), so that the '1977' part of the phrase becomes in Russian literally 'of the [one] thousand nine-hundred and seventy-seventh year': **Маша родилась шестого мая тысяча девятьсот семьдесят седьмого года.**

Note that in Russian the months of the year (as well as the days of the week) are written in lower case.

Exercise 1

Insert the appropriate form of the ordinal **первый** in the spaces provided.

1 В __ очередь.
2 Видеть в __ раз.
3 Жить на __ этаже.
4 На __ взгляд.
5 Написать свое __ стихотворение.

6 __ медицинская помощь.
7 __ ученик в классе.
8 Прочитать __ главу.
9 Сидеть в __ ряду.

Exercise 2

Insert appropriate nouns in the spaces provided. Select your answers from the list supplied below.

Nouns: автобус, класс, курс, любовь, место, номер, премия, ряд, снег, этаж

1 Борис занял первое __ в соревновании по гимнастике.
2 В каком __ живёт Александр Кузнецов? В сорок седьмом.
3 Ваня получил первую __ на конкурсе.
4 Вчера выпал первый __.
5 Ира, ты какие места любишь? Я всегда беру первый __.
6 Саша, ты на каком __ учишься? На третьем.
7 Скажите, пожалуйста, где читальный зал? На втором __.

8 Скажите, пожалуйста, на каком ___ можно доехать до стадиона «Динамо»? На тридцать восьмом.

9 Тургенев написал повесть «Первая ___ ».

10 Ученики оканчивают десятый ___ в 17 лет.

Exercise 3

Match the questions and answers.

Questions:

1 Вы на каком курсе учитесь?
2 В каком классе Аня учится?
3 Кто был на лекции?
4 У вас квартира на третьем этаже?
5 Он у них первый ребёнок?
6 Все ученики участвовали в концерте?

Answers:

а Студенты четвёртого курса.
б Нет, второй.
в В седьмом.
г Нет, на втором.
д Нет, только дети с четвёртого и пятого курсов.
е На пятом.

Exercise 4

Match the people and the years of birth. Write a sentence stating who was born when.

People:		*Year of birth*:
1 Гаршин	а	1799
2 Гоголь	б	1809
3 Достоевский	в	1814
4 Лермонтов	г	1818
5 Лесков	д	1821
6 Некрасов	е	1821
7 Пушкин.	ж	1828
8 Толстой	з	1831
9 Тургенев	и	1855
10 Чехов	к	1860

Exercise 5

What happened in what month of 1881? Answer the questions using the information supplied below.

Model: В феврале тысяча восемьсот восемьдесят первого года Репин
написал портрет смертельно больного композитора
Мусоргского.

январь	смерть писателя Достоевского рождение артистки балета Павловой
февраль	премьера комедии Фонвизина «Недоросль» в Театре близ памятника Пушкину
март	убийство царя Александра второго смерть композитора Мусоргского
апрель	казнь через повешение революционеров-террористов, которые убили царя Александра второго
июнь	опубликование в журнале «Будильник» рассказа Чехова «Петров день»
июль	Художник Васнецов начал работать над картиной «Богатыри»
октябрь	публикация рассказа Лескова «Левша» в журнале «Русь»
декабрь	премьера комедии Островского «Правда — хорошо, а счастье лучше» в Театре близ памятника Пушкину

Exercise 6

Write brief biographical notes on the following writers according to the model.

Model: Л. Н. Толстой; 9.ix.1828–20.xi.1910; «Анна Каренина» — 1877
Л. Н. Толстой родился девятого сентября тысяча восемьсот
двадцать восьмого года. В тысяча восемьсот семьдесят
седьмом году он написал «Анну Каренину». Двадцатого
ноября тысяча девятьсот десятого года он умер. Ему было
восемьдесят три года.

1   А. С. Пушкин; 6.v.1799 – 10.ii.1837; «Евгений Онегин» — 1830.
2   Ф. М. Достоевский; 11.xi.1821 – 9.ii.1881; «Преступление и
наказание» — 1866.
3   М. Ю. Лермонтов; 15.x.1814 — 27.vii.1841; «Герой нашего времени»
— 1840.

Exercise 7

Complete the sentences below by inserting the day of the week and the date in
the appropriate form. Use the information supplied in the diary page below.

Май

пн	1	Большой театр
вт	2	гостиница «Националь»
ср	3	театр «Современник»
чт	4	МГУ
пт	5	Центральный Дом художника
сб	6	театр Эстрады
вс	7	кинотеатр «Россия»

1   В __ мы идём на новую выставку русских художников.
2   Во __ мы идём на ужин.
3   В __ мы идём на новый фильм Михалкова.
4   В __ мы идём на балет «Лебединое озеро».
5   В __ мы идём на пьесу Чехова.
6   В __ мы идём на концерт Киркорова.
7   В __ мы идём на лекцию известного американского филолога.

UNIT THIRTY-THREE
Biographies

- Aspect (formation of the perfective aspect, use of aspect)

Formation of perfective aspect: All Russian verbs, with a few exceptions, have both imperfective and perfective aspects. The most common way to form a perfective aspect is by adding a prefix to the imperfective form:

читать → прочитать   'to read'
писать → написать   'to write'.

In many cases the prefix, as well as making the verb perfective, has a certain meaning which may or may not be perceived by the speaker. The prefix **про-**, for example, has the meaning 'through', so that **прочитать** carries a sense of 'reading through'. The most common prefix used to form perfective verbs is **по-**, which carries no such easily identifiable meaning:

знакомиться → познакомиться   'to become acquainted'
смотреть → посмотреть   'to watch'.

A number of very common aspectual pairs are formed, however, in a variety of other ways. These verbs have to be learned as they arise:

Imperfective	Perfective		
получать	получить	'to receive'	different conjugations (1st and 2nd)
становиться	стать	'to become'	different conjugations (2nd and 1st), different stems
умирать	умереть	'to die'	different stems

Some imperfective forms are derived from perfective ones:

Perfective	Imperfective		
дать	давать	'to give'	addition of suffix -ва-
перестроить	перестраивать	'to rebuild'	addition of suffix -ыва-

Use of aspect: Two types of actions are normally referred to in descriptions of people's lives: those that mark beginnings, ends and transitions (the significant events or landmarks in someone's life) and those that refer to on-going

activities or states. Actions in the first category are usually expressed by perfective verbs, actions in the second by imperfective verbs.

Perfective verbs: A very brief summary of someone's life could thus be expressed exclusively by perfective verbs: Solomon Grundy, born on Monday;
christened on Tuesday; married on Wednesday; took ill on Thursday; worse
on Friday; died on Saturday; buried on Sunday; that was the end of Solomon
Grundy. This account restricts itself to references to changes in Solomon
Grundy's life. Furthermore, the order in which the verbs are listed replicates
the sequence of events in Solomon's life: one of the principal functions of
perfective verbs is to act as a structuring thread through a narrative where
each verb represents a transitional (and therefore significant) event in that
narrative.

Imperfective verbs: A text consisting exclusively of imperfective verbs will
supply descriptive information on the person only, and refer to actions or
states which typify or characterise the person: He was called Solomon; he
lived in Moscow; he was married with three children; he walked with a limp;
he worked as a restaurateur; he liked Belgian chocolates; he watched a lot of
television. The order in which the verbs are listed is not significant. Very often
imperfective verbs supply the background information which enables one to
evaluate or understand the motivation for or causes of an event: Solomon
Grundy loved (imperfective) Mary. He got married (perfective) to her on
Wednesday.

Adverbials of time: When looking at the use of aspects in Russian, it is
useful to differentiate between two types of adverbials of time: (1) adverbials
which express the point in time at which something happened: 'He moved to
Moscow three years ago.' 'She went to the library at three o'clock.' and
(2) adverbials which express for how long something happened: 'He lived
in Moscow for three years.' 'She studied in the library from 6pm to 9pm.'
Adverbials in the first category are associated with perfective verbs, because
they emphasise the significant moments in the narrative. Adverbials in the
second category are associated with imperfective verbs, because they refer to
ongoing activities or states.

Exercise 1

The verbs in the middle column refer to an ongoing state or activity. Supply
the perfective infinitive forms of verbs which mark the beginnings and ends
of these states or activities. Select your answers from the list supplied below.
A number of verbs may be used several times.

Verbs: выйти замуж, окончить, пожениться, познакомиться, пойти,
поссориться, поступить, разойтись, родиться, уйти на пенсию, умереть

Beginning	State	End
1	жить	
2	ходить в школу	
3	учиться в университете	
4	работать	
5	быть замужем	
6	быть женат(-ым)	
7	быть знакомым	

Exercise 2

Make sentences according to the model.

Model: 10: Москва; Петербург
         Десять лет прожил(а) в Москве, а потом переехал(а) в Петербург.

1 21: Смоленск; Москва
2 18: деревня; город
3 3: Саратов; Самара
4 4: двухкомнатная квартира; трёхкомнатная
5 5: общежитие; новая квартира
6 1: Англия; Ирландия

Exercise 3

Insert verbs in the appropriate aspect in the spaces provided. Select the verbs from the list supplied below. The imperfective verb is listed first.

Verbs: выходить/выйти, идти/пойти, оканчивать/окончить, переезжать/переехать, поступать/поступить, рождаться/родиться, становиться/стать, умирать/умереть, уходить/уйти, расходиться/разойтись

Вопросы к Ане.
1 Когда ты __?
2 Когда ты __ в школу?
3 Когда ты __ в университет?
4 Когда ты __ университет?
5 Когда ты __ преподавателем?
6 Когда ты __ в Москву?
7 Когда ты __ замуж?
8 Когда вы с мужем __?
9 Когда ты __ на пенсию?
10 Когда __ твой отец?

Exercise 4

Choose the correct aspect of the verbs in the sentences below.

1 В июне прошлого года я наконец оканчивала/окончила университет.
2 Весь год я поступала/поступила в аспирантуру.
3 В сентябре 1994 года я поступал/поступил в аспирантуру.
4 Она наконец получала/получила новую квартиру в хорошем районе.
5 Старик два года умирал/умер от рака.
6 Старуха умирала/умерла после долгой болезни.
7 Я пять лет занималась/занялась английским языком без результатов!
8 Он вчера поступал/поступил на работу в поликлинику.
9 Она всегда начинала/начала петь после ужина.
10 Через семь лет учёбы он наконец становился/стал врачом.

Exercise 5

Insert appropriate verbs in the past tense in the spaces provided. Select the verbs from the list supplied below.

Как долго?/Сколько времени?
Verbs: жить, заниматься, писать, работать, служить, учиться

1 Я — пять лет в МГУ.
2 Мы — на Тверском бульваре два года.
3 С 1975 по 1977 год я — в армии.
4 С 1979 по 1985 год я — преподавателем в школе в Перми.
5 Семь лет я — фотографией.
6 Я — роман девять месяцев.

Как часто?
Verbs: бродить, заниматься, работать, сидеть, уезжать, участвовать, ходить

1 Каждое лето мы с семьёй — к родителям в Крым.
2 Зимой наш сын — в лыжных соревнованиях.
3 По утрам мы — по лесам.
4 Раз в месяц мы — в театр.
5 По вечерам она — на курсах английского языка.
6 Каждый день он — в читальном зале и — над романом.

Exercise 6

Choose the appropriate adverbial phrase.

1 В мае прошлого года/Три года она начала работать в новом
   магазине.
2 Три года/Через три года он поступил в аспирантуру.
3 Мы давно/долго переехали на новую квартиру.
4 В четверг/Три дня она приехала из Москвы.
5 Она умирала в два часа/неделю.
6 Я наконец/два года нашла работу в столице!

Exercise 7

Write sentences according to the model.

Model: Олег Михаилович, пять лет — главный инженер, винный
        завод → директор завода

        Олег Михаилович пять лет работал главным инженером на
        винном заводе, а потом стал директором.

1 Анна Петровна, десять лет, старший преподаватель, кафедра
   немецкого языка → профессор
2 Он, пятнадцать лет, корреспондент, «Известия» → главный
   редактор
3 Она, десять лет, врач, университетская поликлиника → главный
   врач
4 Я, девять лет, химик, институт → бизнесмен
5 Он, десять лет, преподаватель, Московская консерватория →
   дирижёр
6 Павел Николаевич, семь лет, банкир → директор инвестиционной
   фирмы.

UNIT THIRTY-FOUR
Revision Unit

Exercise 1

Make simple sentences according to the model.

Model: Он, 5, январь, 1960
        Он родился пятого января тысяча девятьсот шестидесятого года.

1 Анна Константиновна, 1, май, 1933
2 Лёня, 13, июль, 1958
3 Андрей, 27, март, 1954
4 Вера, 15, сентябрь, 1972
5 Сара, 30, октябрь, 1966
6 Лёша, 23, август, 1970
7 Андрей Александрович, 5, декабрь, 1950
8 Гриша Кузнецов, 12, февраль, 1960
9 Я, 6, ноябрь, 1949

Exercise 2

Write ten sentences stating which work was published in which year and in which journal.

Model: «Пиковая дама» была опубликована в 1834 году в «Библиотеке для чтения»

1 «Нос» был опубликован, 1836, «Современник»
2 «Фаталист» был опубликован, 1839, «Отечественные записки»
3 «Детство» было опубликовано, 1852, «Современник»
4 «Отцы и дети» были опубликованы, 1862, «Русский вестник»
5 «Мороз, Красный нос» был опубликован, 1863, «Современник»
6 «Братья Карамазовы» были опубликованы, 1879–80, «Русский вестник»
7 «Левша» был опубликован, 1881, «Русь»

8   «Красный цветок» был опубликован, 1883, «Отечественные записки»
9   «Дама с собачкой» была опубликована, 1899, «Русская мысль»

Exercise 3

Match the works listed above with the authors listed in Exercise 4, Unit 32.

Exercise 4

Complete the partially written words. **Что случилось в этот день?** The number of dashes corresponds to the number of letters left out.

1   Второ__ март_ тысяча девят_____ тридцат_ первого год_ род_____
    будущ__ прези_____ Советск___ Союза, Миха__ Серге_____
    Горб_____. В то_ же день тысяча восем_____ пятьдесят пят___ года
    ум__ ца__ Николай I.

2   Пят___ марта тысяча девятьсот пятьдес__ трет_____ го__ ум__
    извест___ русск__ композит__, пиан___ и дириж__, Сергей
    Сергеевич Прокофьев. В том же году в тот же ден_, у___ и Иосиф
    Виссарионович Сталин (Джугашвили). Прокофьев_ бы__
    шестьдесят два _г___, Сталин_ — семьдесят четыре _г___.

3   Девят___ марта тысяча девятьсот трид_____ четвёр_____ года
    родился будущ__ советск__ космон___, Юрий Алексеевич
    Гаг_____. В тот ж_ день тысяча девятьсот шест_____ первого
    года, собака по кличке Лайка полете__ в космос. Лайка стала
    перв__ собакой в космосе.

4   Сем_____ марта тысяча девятьсот сорок перв____ года умер
    известн__ писатель Исаак Эммануилович Бабель. В тысяча
    девятьсот девяносто перв__ год_ в тот же день провели референдум
    в СССР о будущ__ стран_.

5   Восем_____ марта тысяча пят_____ восемьдесят четвёр_____
    года, умер перв__ русск__ цар_, Иван IV (Грозный). В тот же день
    в тысяча восем_____ девяносто девятом году родился будущий
    сталинс___ палач, Лаврентий Павлович Берия.

6   Два_____ вос_____ марта тысяча восемьсот шест_____
    вос_____ года родился писат___ Максим Горький (Алексей
    Максимович Пешков). В тысяча восемьсот восемь_____ перв__
    год_ в тот же день умер композ_____ Модест Петр_____ Мусоргский.
    В тот же день в тысяча девятьсот сорок трет___ году умер русский
    композитор, пиан___ и дириж__, Сергей Васильевич Рахманинов.
    В тысяча девятьсот восемьдесят пят__ год_ умер известный
    худож___ Марк Шагал.

Exercise 5

Complete the short dialogue in a restaurant by inserting in the gaps appropriate words from the list below.

Words: давайте, какое, двойной, первое, второе, третье, есть

— Скажите, пожалуйста, что у вас есть на __?
— У нас бифштекс, котлеты по-киевски и рыба.
— Хорошо. Пожалуйста, котлеты по-киевски.
— А на __?
— Суп у вас __?
— Есть. Борщ или щи.
— Борщ, пожалуйста.
— А на __?
— Мороженое есть?
— Есть.
— __?
— Фруктовое.
— __, мороженое. И __ кофе, пожалуйста.

Exercise 6

Insert appropriate verbs in the spaces provided. Select the verbs from the list supplied below.

Из жизни театра (а)

Verbs: встретиться, выйти, выступить, начаться, окончить, приехать, родиться, создать, стать, увидеть

1   24 сентября 1899 года на сцене Большого театра впервые __ Фёдор Иванович Шаляпин.
2   В 1894 году Екатерина Гельцер с отличием __ балетную школу.
3   В 1935 Москва впервые __ Галину Уланову в балете Чайковского «Лебединое озеро».
4   В 1824 Щепкин __ актёром Малого театра.
5   Константин Станиславский и Владимир Немирович-Данченко впервые __ в Москве 27 июня 1897 года.
6   Весной 1900 года труппа Художественного театра __ в Крым, в Ялту, к тяжело больному Чехову, чтобы показать ему несколько спектаклей.
7   В 1901 году Ольга Книппер __ замуж за Чехова.
8   По просьбе Станиславского Вахтангов __ при Художественном театре новую студию для молодёжи.
9   __ Иннокентий Смоктуновский в 1925 году в Сибири.

10 История Государственного центрального театра кукол __ в 30-е
    годы.

Из жизни театра (б)

Verbs: гастролировать, знакомить, играть, начинать, петь, работать,
сниматься, создавать, танцевать, участвовать

1 __ Шаляпин всегда. Сначала в церковном хоре, затем небольшие
    партии в оперных спектаклях.
2 Елена Гельцер __ массового зрителя с искусством классического
    балета.
3 Уланова __ как солистка Большого театра в балете Прокофьева
    «Золушка».
4 С большим мастерством Щепкин __ на сцене драматические образы
    Гоголя.
5 Константин Станиславский и Владимир Немирович-Данченко
    вместе __ в Художественном театре более сорока лет.
6 В 1922 году МХАТ __ в странах Европы и в США.
7 Ольга Книппер __ во всех первых постановках чеховских пьес.
8 В юношеские годы Вахтангов __ в любительских спектаклях и
    мечтал об актёрской профессии.
9 Иннокентий Смоктуновский много __ на телевидении.
10 Когда они __ в кукольном театре у них было человек десять, а теперь
    — триста сорок восемь.

Exercise 7

Complete the following dialogue between a teacher and her former pupil by
selecting the correct aspect of each italicised verb and then putting it into
an appropriate form.

— Кого я вижу! Маша! Что вы здесь делаете?
— А я теперь живу тут.
— Значит, вы *переезжать/переехать* из Воронежа?
— Да.
— А давно *переезжать/переехать*?
— Три месяца назад.
— А долго в Воронеже *жить/прожить*?
— Всего четыре года.
— Ужас! А расскажите, что вы там *делать/сделать*?
— Когда я *переезжать/переехать* туда, я сразу *начинать/начать*
    работать в местной газете. Я там *работать/поработать* два года.
— А после этого?

— Я *уходить/уйти* из газеты. Зáрплата была очень маленькая. После этого я *получать/получить* работу в коммерческой фирме. Там *платить/заплатить* хорошо.

— А чем вы *заниматься/заняться* в этой фирме?

— Мы *продавать/продать* игрушки киоскам и магазинам. Я ездила по всей стране с этими игрушками.

— А потом?

— Ну, потом *решать/решить* вернуться в Москву. И сейчас *находить/найти* работу в американской фирме.

— Ну, прекрасно.

Exercise 8

Select the appropriate aspect for the verbs in the following brief biography of the poet Marina Tsvetaeva.

Марина Цветаева *рождалась/родилась* в Москве 26 сентября 1892 года. Отец её, Иван Владимирович Цветаев, профессор Московского университета, известный филолог и искусствовед, *становился/стал* в дальнейшем директором Румянцевского музея и основателем Музея изящных искусств.

Мать *происходила/произошла* из польско-немецкой семьи, была талантливой пианисткой. *Умирала/умерла* она ещё молодой в 1906 году. Семья Цветаевых *жила — прожила* в Москве; лето *проводила/провела* в Подмосковье, в городке Таруса, а иногда и в заграничных поездках.

Уже в шесть лет Марина Цветаева *начинала/начала* писать стихи, и притом не только по-русски, но и по-французски, по-немецки. А когда ей *исполнялось/исполнилось* 18 лет, она *выпускала/выпустила* свой первый сборник «Вечерний альбом».

В мае 1922 она с дочерью *выезжала/выехала* за границу к мужу, Сергею Эфрону, бывшему белому офицеру, который *становился/стал* студентом университета в Праге. В 1925 году семья *переезжала/переехала* в Париж. В 1939 году Марина Цветаева, после семнадцати лет пребывания за рубежом, *возвращалась/вернулась* в Россию. Первое время она *жила/прожила* в Москве, где занималась переводами и *готовила/приготовила* новую книгу стихов. В июле 1941 года её вместе с сыном эвакуировали из столицы. В маленьком городке Елабуга она *кончала/покончила* с собой 31 августа 1941 года.

Exercise 9

Insert appropriate verbs. Select the verbs from the list supplied below. The verbs are supplied in the appropriate form. Underline all the imperfective verbs.

Verbs: воспитывался, вышла, жил, начал, пережила, перешёл, поступил, потерял, родился, стал, стала, умер, участвовал, учился

Ю.В. Андропов ⎯ 15 июня 1914 года в семье инженера-железнодорожника в станице Чагутская, на территории нынешнего Ставропольского края. Он рано ⎯ родителей, его отец ⎯ когда Юрий был ещё в малолетнем возрасте. Мать снова ⎯ замуж, но ненадолго ⎯ первого мужа. После её смерти Юрий ⎯ и ⎯ в семье отчима. ⎯ он в семилетней школе в небольшом городке Моздоке.

С четырнадцати лет Юрий ⎯ работать. В 18 лет он ⎯ матросом на Волге, а в 1933 ⎯ учиться в техникум водного транспорта в Рыбинске. В середине 30-х годов политическая работа ⎯ главным смыслом жизни Андропова.

С началом Великой Отечественной войны Андропов ⎯ в организации партизанского движения в Карелии.

В 1944 году Андропов ⎯ на партийную работу, а в 1955 – на работу в Министерство иностранных дел СССР.

Exercise 10

Insert appropriate verbs in the spaces provided. Select the verbs from the list supplied below.

Verbs: занимать/занять, избирать/избрать, оканчивать/окончить, выходить/выйти, пользоваться/воспользоваться, поступать/поступить, приглашать/пригласить, принимать/принять, продолжать/продолжить, работать/поработать, рождаться/родиться, ссориться/поссориться, становиться/стать, терять/потерять, учиться

Борис Николаевич Ельцин ⎯ 1 февраля 1931 года в Свердловской области в крестьянской семье. После школы он ⎯ в Уральский политехнический институт. Там он ⎯ на инженера-строителя. В 1955 он ⎯ институт и ⎯ работать мастером. Всего тринадцать лет он ⎯ в строительстве. В 1961 году его ⎯ в партию. В 1968 он ⎯ на работу в аппарат Коммунистической партии в Свердловске. Семнадцать лет он там ⎯. В 1985 году Горбачёв ⎯ его на партийную работу в Москву. Два года (1985–1987) он ⎯ пост первого секретаря московского городского комитета (горком) партии, то есть, он управлял столицей. В 1986 году он ⎯ кандидатом в члены Политбюро ЦК КПСС. В конце 1987 он ⎯ с Горбачёвым. В феврале 1988 он ⎯ своё место в Политбюро. Это было концом его карьеры политического деятеля. Но он ещё __ большой популярностью и авторитетом в народе. В 1990 он __ из партии. В июне 1991 года его __ президентом Российской Федерации. После краха Советского Союза в декабре 1991 года Ельцин __ быть президентом. В июле 1996 года его опять __ президентом России, но он уже не был таким популярным, как раньше.

Exercise 11

Match the questions and answers.

Questions:	*Answers:*
1 Ты ещё живёшь в общежитии?	а Пять лет, как и все.
2 Он долго там учился?	б Да. В сентябре начнёт учиться.
3 Он всё-таки поступил в институт?	в Учительницей в деревенской школе.
4 Кем она стала после университета?	г Да и нет. Я редактор.
5 Ты журналистом работаешь?	д Нет, ещё живут в Уфе.
6 Они не переехали в Саратов?	е Нет, давно переехала на новую квартиру.

UNIT THIRTY-FIVE
Plans for the future

- The imperfective and perfective future tense

Aspects in the future tense: The use of aspects in the future tense is similar to the use of aspects in the past tense in that the perfective focuses on the outcome of the event while the imperfective is used more for background descriptive information (see Unit 33).

Perfective aspect: Verbs in the perfective aspect are used in the following contexts:

- to give an assurance that something will happen:

Прочитай эту книгу. Она тебе понравится.	'Read this book. You'll like it.'

- to commit oneself to a given course of action:

Прочитай эту книгу. Она тебе понравится. — Прочитаю. Обязательно.	'Read this book. You'll like it. — I'll read it. Without fail.'
Надо сказать ему о собрании. — Хорошо, я скажу.	'You must tell him about the meeting. — Fine, I'll tell (him).'

- to refer to an action which you are about to begin:

Алло! Будьте любезны, попросите к телефону Ивана. — Одну минуточку. Сейчас его позову.	'Hello. Could I speak to Ivan, please? — One moment. I'll just get him.'

- to suggest a course of action:

Пойдем поужинаем в гостинице «Метрополь».	'Let's have dinner at the Metropole.'
Ребята, давайте поедем в воскресенье за город.	'Lads, let's go to the country on Sunday.'

- to sequence events in the future:

Сначала поужинаем, а потом пойдём в кино.	'First of all we'll have dinner, then we'll go to the cinema.'

Imperfective aspect: Verbs in the imperfective aspect are used in the following contexts:

- to name activities without reference to their completion, result:

Что ты будешь делать сегодня вечером? — Я буду готовиться к зачёту. — Приходи, мы будем вместе готовиться к зачёту.	'What are you doing this evening? — I'm studying for a test. — Come over, we'll study for the test together.'

- to name activities which characterise or typify a person:

Я буду работать инженером.	'I'm going to work as an engineer.'
Я буду жить в Москве.	'I'm going to live in Moscow.'

- to find out whether someone intends to do something or not:

Вы будете покупать эти книги?	'Are you going to buy these books?'

- to refer to what you are not going to do:

Не будем брать ·такси.	'We won't get a taxi.'

Suggesting a course of action or inviting someone to do something: The two most common turns of phrase used to suggest a course of action both involve using verbs in the perfective future. The first construction, where the suggestion involves people going somewhere, is introduced by the 1st person plural perfective future form of the verb **пойти**: **пойдём** (let's go __) which is immediately followed by the suggested course of action in the same grammatical form.

Пойдём поужинаем в гостинице «Метрополь».	'Let's go and have supper in the Metropole hotel.'

In the second construction the word **давай**, or its plural-formal equivalent **давайте**, is used. This is equivalent to the English 'let us or let's __ (do something)' . The verb expressing the suggested course of action is often in the 1st person plural of the perfective future:

Ребята, давайте поедем в воскресенье за город.	Lads, let's go for a trip in the country on Sunday.

Reaching a consensus: When a group of people have agreed to do something, they often conclude the conversation by saying **договорились** — 'OK, agreed'. When checking that both parties have agreed the same thing, or when reporting to a third party what has been agreed, the same verb **договориться** may be used. This verb can be used in three types of construction.

1   Followed by a subordinate clause:

   Мы договорились, что встретимся в метро.

2   Followed by an infinitive:

   Мы договорились встретиться в метро.

3   Followed by a noun phrase introduced by the preposition **о**:

   Мы договорились о встрече в метро.

   All three sentences mean: 'We agreed to meet in the metro.'

The verb **собираться** + *infinitive*: The verb **собираться** is used to express what someone intends to do. The verb it governs is in the infinitive. Where the intention focuses on an activity *per se*, the infinitive is in the imperfective:

Я собираюсь на стадион   'I'm heading for the stadium to
смотреть футбольный матч.   watch a football match.'

Where the intention focuses on the possible outcome of an action, the infinitive is in the perfective:

Собираюсь пойти в центр.   'I intend to go into town.' Here, going
                                  into town is a means to an (unstated) end.

In all exercises in this unit the verb is supplied in the appropriate aspect.

Exercise 1

Insert appropriate verbs in the spaces provided. Select the verbs from the list supplied below.

Model: Что ты будешь делать сегодня вечером?
         Я __ к семинару.
         Я буду готовиться к семинару.

Verbs: гулять, отдыхать, переводить, помогать, работать, смотреть, танцевать, читать

1   Что ты будешь делать летом? Я __ отцу на ферме.
2   Как вы будете проводить свои каникулы? Мы с подругой __ на юге, в Крыму.
3   В какой области будет работать ваша дочь? Она __ преподавателем русского языка.
4   Что будет делать ваш муж сегодня? Он __ эту статью.
5   Что мы все будем делать на занятии? Мы __ рассказ Чехова.
6   Что будут делать ребята на вечере? Они __.
7   Что вы будете завтра делать? Днём __ по горам, а вечером __ телевизор.

Exercise 2

Insert the most appropriate verb from the lists provided to complete the dialogues:

1   *Verbs*: вернусь, делать, написать, позаниматься, пойду (2), пойти (2), пообедать

   — Какие у тебя планы на завтра? — Собираюсь __ в центр. — А что ты там будешь __? — Сначала __ в институт в библиотеку. Там собираюсь наконец __ это сочинение! Потом __ в столовую __. После этого __ в библиотеку __. Вечером собираюсь __ в кино с Машей. Вот какие у меня планы.

2   *Verbs*: посмотреть, начнётся, вернусь, поехать, работать, поеду

   — Куда ты едешь летом? — Сначала собираюсь __ в Россию, если получу визу! Потом __ во Францию. Там я собираюсь __ Париж. Затем я __ домой. Дома я собираюсь __ гидом для американских туристов. После этого, в сентябре, __ опять учёба!

3   *Verbs*: пойти, собирать, позвонить, быть, пойдёшь, делать

   — Что ты собираешься __ завтра? — Сначала собираюсь __ Юре. Если он дома, я собираюсь __ с ним в лес __ грибы. Вечером я собираюсь __ дома. А ты, какие у тебя планы на завтра? Может быть __ с нами?

Exercise 3

Insert appropriate verbs in the spaces provided. Select the verbs from the list supplied below.

Verbs: бросить, зайти, купить, написать, поговорить, пойти, съездить, уехать, узнать

1   Виктор собирался __ новую машину.
2   Ольга собиралась __ матери, что она приедет в Санкт-Петербург через неделю.
3   Отец собирался __, когда приходит в Москву поезд из Киева.
4   Ваш знакомый собирался __ к вам?
5   Она не раз собиралась __ курить.
6   Они собирались всей семьёй __ в Киев.
7   Вы собирались __ в бассейн?
8   Завтра мы собираемся __.
9   Я давно собиралась __ с тобой об этом.

Exercise 4

Re-arrange the following short exchanges so that they make sense.

1   — Ну прекрасно. Тогда, до шести! — А после этого? — В шесть
      часов мы с Наташей идём в гости к Серёже. Пойдёшь с нами?
      — Нет, он нас пригласил просто так. — Пойду. А что, сегодня его
      день рождения, что ли? — Договорились. Счастливо! — После
      этого, не знаю. А предложения у тебя есть? — Что ты будешь
      делать после обеда? — Я собираюсь позаниматься в библиотеке.
2   — Интересно. А я еду на Канарские острова. — А в какие места?
      — В исторические города. — Ну, например, в Ростов Великий, в
      Ярославль. — Например? — Что ты будешь делать летом? — Я
      собираюсь ездить по России.
3   — А где он? В Москве? — В Литературный институт. — В какой?
      — Спасибо. — Да, прямо в центре. — Что ты будешь делать после
      школы? — Я собираюсь поступать в институт. — Желаю удачи.
4   — Какую? — Не очень. Смотря какую хочешь. — Они дорогие?
      — Что ты будешь делать с этими деньгами? — Я собираюсь купить
      себе новую машину. — Я думал, может быть, японскую.

Exercise 5

Answer the following questions according to the model.

Model: Какие у вас планы на завтрашний вечер? (я: Николай)
         Завтра вечером я пойду в гости к Николаю.

1   Какие у него планы на завтрашний вечер? (он: подруга)
2   Какие у них планы на завтрашний вечер? (они: знакомые)
3   Какие у неё планы на завтрашний вечер? (она: друг)
4   Какие у Виктора планы на завтрашний вечер? (Виктор: ты)
5   Какие у Алисы планы на завтрашний вечер? (Алиса: родители
      мужа)
6   Какие у них планы на завтрашний вечер? (они: друзья)
7   Какие у неё планы на завтрашний вечер? (она: Надя)

Exercise 6

Complete the following sentences according to the model.

Model: Александр говорил, что летом поедет (Киев—брат).
         Александр говорил, что летом поедет в Киев к брату.

1   На зимние каникулы Алексей ездил (Ленинград—товарищ).
2   Вчера мы ходили (бабушка—ужин).
3   По субботам мы ездим (родители—дача).

4   Позавчера преподаватель ходил (больница—свой студент).
5   Наташа обещала поехать (Минск—своя больная бабушка).
6   Олег пришёл (они—гости).
7   Приходи (мы—гости). Всегда приятно видеть тебя.
8   Летом она ездит (мы—юг) отдыхать.
9   Утром он пришёл (она—работа).

Exercise 7

Insert appropriate verbs in the spaces provided according to the model. Select the verbs from the list supplied below.

Model: Пойдем поужинаем в гостинице «Метрополь».

Verbs: послушать, покататься, поговорить, посмотреть, пообедать, погулять, потанцевать, поплавать, купить, поиграть

 1 Пойдём ___ билеты в кино.
 2 Пойдём ___ с деканом.
 3 Пойдём ___ по парку.
 4 Пойдём ___ в бадминтон.
 5 Пойдём ___ на коньках.
 6 Пойдём ___ в ресторане.
 7 Пойдём ___ в бассейне.
 8 Пойдём ___ лекцию в Доме дружбы.
 9 Пойдём ___ матч на стадионе.
10 Пойдём ___ на дискотеке.

Exercise 8

Insert appropriate verbs in the spaces provided according to the model. Select the verbs from the list supplied below.

Model: Ребята, давайте поедем в воскресенье за город.

Verbs: взять, встать, купить, навестить, отдохнуть, позвонить, пойти, попросить, снять

1 Лена, давай ___ в Парк культуры! Можно покататься на лодке.
2 Давай ___ Колю, он, говорят, болен.
3 Давай ___ билеты на хоккейный матч.
4 Давай ___ завтра в 6 часов утра.
5 Давай немного ___, мы очень устали.
6 Давай ___ с собой на выставку Наташу.
7 Давай ___ Андрею и ___ его нам помочь.
8 Давай ___ дачу на лето.

UNIT THIRTY-SIX

Giving advice

- The imperative
- **надо** + the perfective infinitive
- **советовать** + the perfective infinitive

A number of syntactic constructions may be used to express advice. This unit looks at three of them:

1 The imperfective and perfective imperative forms of the verb:

Входите, пожалуйста.	'Please, do come in.'
Прочитай эту статью.	'Read this article.'

2 Infinitives following the verb **советовать** — 'to advise':

Ты смотрел этот фильм? Нет.	'Have you seen this film? No. I advise
Советую посмотреть.	you to go and see it.'

3 Infinitives after the modal **надо** — 'it is necessary, *il faut*': when it is followed by a perfective infinitive, its meaning is very close to that of a perfective imperative:

Надо прочитать эту статью.	'(You) must read this article.
= **Прочитай эту статью.**	= Read this article.'

Imperfective imperative: The imperfective imperative is used to express advice in two contexts:

- where the recommended action is to be repeated regularly, as for instance a doctor's advice to take medication at regular intervals:

Принимайте это лекарство каждое утро.	'Take this medicine every morning.'

- where the advice given indicates someone is *not* to do something:

Не отвечай!	'Don't answer.'

One other use of the imperfective imperative is in response to an enquiry, made using a perfective verb, as to whether it is possible or permissible to do something. By responding in the imperfective, the speaker invites the person to do whatever it was they were asking about:

—**Можно (мне) войти?** — **Входите, пожалуйста.**			'May I come in? Please do.'
—**Можно сесть на это место?** — **Садитесь, пожалуйста.**			'May I sit here? Please, do.'

Note that, whereas in English the verb 'do' is often used to refer to the action, in Russian the verb used in the advice is repeated.

The formation of the imperfective imperative: There are two forms of the imperative: a singular form and a plural (formal/polite) form. The latter ends in -**те**. To form the imperative of imperfective verbs, take the present tense stem of the verb and add: (1) -**й(те)** if the stem ends in a vowel, or (2) -**и(те)** if the stem ends in a consonant.

1 **чита** + **й**	**читай**	**читайте**	'read'
слуша + **й**	**слушай**	**слушайте**	'listen'
2 **говор** + **и**	**говори**	**говорите**	'speak'
бер + **и**	**бери**	**берите**	'take'
ид + **и**	**иди**	**идите**	'go'

If the verb is reflexive, add on the reflexive endings -**ся** or -**сь** (see Unit 5).

занимай + **ся**	**занимайся**	'study'
занимайте + **сь**	**занимайтесь**	'study'

Note that if the infinitive of a verb ends with the suffix -**ав**-, then this suffix is retained in the formation of the imperative.

вставать	**вставай**	**вставайте**	'get up'
давать	**давай**	**давайте**	'give'

Perfective imperative: Whereas the imperfective imperative either advises action to be repeated over a period, or advises that it is not to be taken, the prefective imperative is used in only one context: where the advice involves performing a single action once:

Причитайте эту статью.	'Read this article.'
Покажи мне руки.	'Show me your hands.'

Whereas the imperfective imperative is used to invite someone to do something, the perfective imperative is used to ask, request, order or command someone to do something:

Войдите!	'Come in. Enter.'
	(cf. imperfective **Входите, пожалуйста.** — 'Please, do come in.')
Сядьте!	'Be seated. Sit down. Sit.'
	(cf. **Садитесь, пожалуйста.** — 'Please, do take a seat.')

Perfective imperatives can thus sound quite abrupt, while those in the imperfective often sound polite.

The formation of the perfective imperative: The formation of the perfective imperative is fundamentally the same as that of the imperfective imperative, except that it is formed from the perfective future stem of the verb (see Unit 35).

1	прочита + й	прочитай	прочитайте	'read'
	послуша + й	послушай	послушайте	'listen'
2	поговор + и	поговори	поговорите	'speak'
	возьм + и	возьми	возьмите	'take'
	прид + и	приди	придите	'come'

However, the imperative of a small number of verbs ends in **-ь(те)**, rather than **-и(те)**. This applies to verbs (1) whose stem ends in a consonant, and (2) whose stem is stressed. It is worth making a list of all such verbs as and when you come across them.

встать	встань	встаньте	'get up'
сесть	сядь	сядьте	'sit'
бросить	брось	бросьте	'throw'

Note that imperatives refer to actions to be performed in the future. For this reason, when a speaker wants to clarify why he or she has given a particular piece of advice, he or she often uses a verb in the future in clarification. In most instances this verb will be in the perfective future.

> **Прочитай эту книгу. Она тебе понравится.**   'Read this book. You'll enjoy it.'

Similarly, a person responding to advice, a request or an order will often confirm that he or she will perform the action suggested by using the verb in the perfective future. Note again that whereas in English the verb 'do' is used to refer to the action, in Russian the verb used in the advice is repeated.

> **Прочитай эту книгу. Она тебе понравится.**   'Read this book. You'll enjoy it.'
> **Прочитаю. Обязательно.**   'I'll do that. Without fail.'

Exercise 1

Insert appropriate verbs in the correct form of the appropriate aspect into the spaces provided. Select the verbs from the list supplied below.

Verbs: ездить/съездить, слушать/послушать, смотреть/посмотреть, ходить/сходить, читать/прочитать

1   — Вы __ сборник рассказов Петрушевской? — Нет, пока не __.
      — Советую __.

2   — Аня, ты __ фильм «Баллада о солдате» — Нет, не __.
    — Советую __.
3   — Вы __ на премьеру балета «Лебединое озеро»? — Нет, не __.
    — Советую __.
4   — Миша, ты __ на экскурсию в Переяславль? — Нет, не __.
    — Советую __.
5   — Вы __ оперу «Пиковая дама»? — Нет, не __. — Советую __.

Exercise 2

Complete the following dialogues by choosing appropriate words from lists A and B according to the model.

Model: — Ты читал __?
        — Нет.
        — Советую __.
        (новые рассказы Искандера/прочитать)
        — Ты читал новые рассказы Искандера?
        — Нет.
        — Советую прочитать.

List A: выставка, новая песня Пугачёвой, письмо домой, редактор, роман, фильм

List B: написать, позвонить, послушать, посмотреть, прочитать, сходить

1   — Ты смотрел этот __? — Нет. — Советую __.
2   — Вы ходили на эту __? — Нет. — Советую __.
3   — Ты читал этот __? — Нет. — Советую __.
4   — Вы слушали __? — Нет. — Советую __.
5   — Ты писал __? — Нет. — Советую __.
6   — Ты звонил __? — Нет. — Советую __.

Exercise 3

Insert appropriate verbs in the imperative in the spaces provided. The verbs are supplied in the correct aspect. State the aspect of the imperative and whether it expresses (a) a once-off action, (b) an action repeated over a period of time, or (c) a negated action.

Verbs: бросить, гулять, кататься, одеться, останавливаться, посмотреть, принимать, проходить, прочитать, читать

1   __ каждый день несколько страниц на русском языке.
2   __ курить.
3   Не __ у дверей, __ в вагон.

4 — новый фильм Никиты Михалкова.
5 Отдыхайте, —, — на лыжах.
6 — теплее, на улице стоит мороз.
7 — эти таблетки три раза в день.
8 — эту статью.

Exercise 4

Match each of the suggestions in Exercise 3 with the contexts listed below.

а Бабушка даёт совет внукам зимним утром.
б Водитель трамвая советует пассажирам.
в Врач даёт совет курящему.
г Врач советует человеку, который болеет гриппом.
д Мать советует детям в первый день зимних каникул.
е Молодой человек даёт совет друзьям.
ж Преподаватель даёт совет учащимся на кафедре русского языка.
з Профессор советует аспиранту.

Exercise 5

Fill in the gaps by selecting the most appropiate verb from the list below.

Verbs: откройте, закрой, выключи, решите, скажите, отдохните, позвони, передай, покажите, заполните, принесите, прочитай

1 — телевизор!
2 — форточку. Холодно.
3 — роман. Он очень интересный.
4 — нам счёт, пожалуйста.
5 —, пожалуйста, анкету.
6 — бутылку. Гости пришли.
7 — ему привет.
8 — ему домой после шести вечера.
9 —, пожалуйста, паспорт.
10 —, пожалуйста, где метро?
11 — сами, мне всё равно.
12 —, вы устали.

Exercise 6

Rewrite the following sentences according to the model.

Model: (посмотреть) на него!
        Посмотри на него! Посмотрите на него!

1 (передать) — им привет.
2 (взять) —, пожалуйста, чемодан.
3 (открыть) — окно. Душно.
4 (закрыть) — окно. Холодно.
5 (поговорить) — с ней!

6 (позвонить) — ему.
7 (рассказать) — мне, пожалуйста.
8 (поставить) — бутылку на стол, пожалуйста.
9 (заказать) —, пожалуйста, билет в балет.
10 (положить) — деньги на стол.

Exercise 7

Complete the following sentences according to the model. Select appropriate verbs from the list supplied below.

Model: Прочитайте обязательно эту статью. Она вам понравится.

Verbs: быть, дать, забыть, закрыть, найти, начаться, объяснить, отдохнуть, открыться, прописать

1 Напомни мне купить хлеб, иначе я —.
2 Сходи в музей. Поторопись, а то выставку —.
3 Я советую вам летом съездить на юг. Вы там —.
4 Бросьте монету в автомат и идите. Дверь автоматически —.
5 Поговори с преподавателем. Он лучше — задачу.
6 Позвони мне вечером. Я тебе — его адрес и номер телефона.
7 Включи телевизор. Скоро — интересная передача.
8 Обратитесь к врачу. Он вам — лекарство.
9 Навестите Веру Сергеевну. Ей — приятно.
10 Запишите номер её телефона. Сейчас я его —.

UNIT THIRTY-SEVEN
Expressing desire

- **хотеть, хотеться**

Expressions for wanting to do something, wanting something and wanting someone else to do something are among the most indispensable in any language. In Russian the verb most commonly used to express want or desire is **хотеть** — 'to want, wish'. If the speaker wishes to say that he or she wants to do something, then that desired activity is expressed in the infinitive:

1	**Я хочу спать.** (imperfective)	'I want to sleep.'
2	**Ты хочешь играть в футбол?** (imperfective)	'Do you want to play football?'
3	**Они хотят пойти домой.** (perfective)	'They want to go home.'
4	**Она хочет сказать ещё два слова.** (perfective)	'She wants to say a few more words.'

Note that infinitives of both the imperfective or perfective aspect may follow the verb **хотеть**, depending on how the speaker views the activity indicated by the infinitive. If the boundaries of the activity are seen as not being fixed, for example, by a beginning or end, but rather as open-ended, then the imperfective is used, as in the first two examples. If, on the other hand, the speaker does view the activity as having strict parameters, then the perfective is used, as in the last two examples, where **пойти домой** — 'going home' is a single activity with a beginning and an end, while **сказать ещё два слова** is a clearly demarcated act of saying a few words and no more.

Conjugation of **хотеть**: The conjugation of **хотеть** is said to be 'mixed', since its endings are typical of both the first and second conjugations:

хочу, хочешь, хочет	first conjugation (-е- type)
хотим, хотите, хотят	second conjugation (-и- type)

хочу + *noun*: When the object of **хотеть** denotes some part of a substance or a liquid, then the genitive (the so-called 'partitive genitive', related to the genitive used after numerals and quantities) is used:

Хочешь воды?	'Do you want some water?'
Хочешь вина?	'Do you want some wine?'
Хотите мяса?	'Do you want some meat?'

When the object has already been mentioned, then it goes into the accusative case:

Я выпил воду.	'I drank the water (I had been offered).'
Она выпила вино.	'She drank the wine (she had been offered).'

Note the genitive ending in **-у/-ю** for some masculine nouns when used in the partitive sense:

Я хочу чаю.	'I want some tea.'
Ты хочешь сыру?	'Do you want some cheese?'

Another common way of expressing desire in Russian is to put the reflexive form of the verb **хотеть** (**хотеться**) into the third person singular (**хочется**) and then to put the logical subject into the dative case. This is the same construction that is used with **нравиться** (see Unit 27). This results in the impersonal construction: **мне** (**тебе, ему, ей,** etc.) **хочется** — 'I (you, he, she, etc.) feel like, want'. This is followed by an infinitive, which names the desired activity:

Мне (Им) хочется спать.   'I (They) feel like sleeping.'

Note that the verb form remains unchanged regardless of the number of the dative subject.

To say that one felt like doing something, one must use the past tense of **мне хочется**, which is **мне хотелось**. As with **хочется** above, the form **хотелось** remains unchanged: **Мне (Им) хотелось спать.** — 'I (They) felt like sleeping.'

To say that one wanted to do, or felt like doing, something suddenly, use the verb **захотеться**, the perfective form of **хотеться**:

Когда я увидел кровать, мне вдруг захотелось спать.	'When I saw the bed, I suddenly wanted to sleep.'

Exercise 1

Insert appropriate nouns or phrases in the spaces provided. Select your answers from the list supplied below.

Noun phrases: Большой театр, кинотеатр «Россия», книжный магазин «Дружба», концертный зал имени Чайковского, Кремлёвский Дворец съездов, магазин «Подарки», Московская консерватория, Московский Дом книги, Третьяковская галерея, Центральный выставочный зал, Центральный парк культуры и отдыха имени Горького, Центральный телеграф

1   Если вы хотите купить книги, вы можете пойти в __ или в __.
2   Если вы хотите купить сувенир, вы можете пойти в __.
3   Если вы хотите отправить письмо, вы можете пойти на __.
4   Если вы хотите посмотреть новый фильм, вы можете пойти в __.
5   Если вы хотите послушать музыку, вы можете пойти в __ или в __.
6   Если вы хотите послушать оперу или посмотреть балет, вы можете пойти в __ или в __.
7   Если вы хотите посмотреть картины русских художников, вы можете пойти в __ или в __.
8   Если вы хотите хорошо отдохнуть, вы можете пойти в __.

Exercise 2

Insert appropriate verbs in the spaces provided. Select the verbs from the list supplied below.

Verbs: видеть, купить, научиться, обсудить, поговорить, поехать, пойти, попросить, поступить, пригласить, работать

 1   Я хочу __ друга в театр.
 2   Я хочу __ Ивана купить мне тетрадь.
 3   Я хочу __ кататься на лыжах.
 4   Я хочу __ с другом один вопрос.
 5   Я хочу __ секретаря декана.
 6   Я хочу __ в центр города.
 7   Я хочу __ книгу об искусстве.
 8   Я хочу __ по телефону с родителями.
 9   Я хочу __ на экскурсию по Золотому кольцу.
10   Я хочу __ в университет.
11   Я хочу __ по специальности.

Exercise 3

Complete the brief exchanges by first selecting the most appropriate answer from the list provided, and then putting the phrase in the correct form.

Model: Что ты хочешь делать сегодня? (спортсмен)
         играть в футбол
         Я хочу играть в футбол.

Answers: играть в куклы, «делать деньги», загорать на пляже, играть на скрипке, посмотреть Красную площадь, стать артистом

1   Что вы хотите делать сегодня вечером? (музыкант)
2   Что вы хотите делать после обеда? (туристы)
3   Девочки, что вы хотите делать? (девочки)
4   Ребята, что вы хотите делать сегодня? (отдыхающие)

5   Кем ты хочешь стать? (школьник)
6   Что вы хотите делать сегодня? (бизнесмен)

Exercise 4

Rearrange the following short exchanges so that they make sense.

1   — С сахаром или без? — Без. — С удовольствием. — Хочешь
    кофе?
2   — А хочешь с ней познакомиться? — Нет. — Ты с ней знакома?
    — Хочу.
3   — А куда она хочет поехать? — В августе. — А куда ты хочешь
    поехать? — Ей хочется в Малагу! — Когда вы едете в отпуск? — Я
    хочу в Париж, а жена туда не хочет.
4   — Ну давай. — Вот купил этот голландский сыр на рынке. Хочешь
    попробовать? — Ну, как он тебе? — Очень вкусный. Хочу ещё!
5   — Белого. — Сладкого или сухого? — Миша, вина хочешь? — Ну,
    как хочешь. — Какого? Красного или белого? — Сладкого. —
    Тогда не хочу.
6   — А ты не собираешься туда поехать? — Очень давно. А ужасно
    хочется туда поехать. — Собираюсь. Хочу поехать летом. — Ты
    когда в последний раз был в России?
7   — А когда? — А ты не хочешь поехать туда со мной? —
    Договорились. — Не был, а очень хотелось бы туда поехать. — Ну,
    положим, в четверг. — Ты в Суздале не был?
8   — Ну, ладно, как хочешь. — Нет, не хочу. — А ты не хочешь сказать
    мне, зачем она приходила?

Exercise 5

Put the nouns in brackets into the approprriate form to express a portion of
the named items.

1   Хотите (варенье)?
2   Хотите (конфеты)?
3   Хотите (кофеёк)?
4   Хотите (молоко)?
5   Хотите (пиво)?
6   Хотите (пирог)?
7   Хотите (помидоры)?
8   Хотите (пряники)?
9   Хотите (сыр)?
10 Хотите (хлеб)?
11 Хотите (чай)?
12 Хотите (вода)?

Exercise 6

Complete the following sentences according to the model.

Model: Я очень долго не ел, и когда я увидел мясо на столе, (я, вдруг,
        есть).

Я очень долго не ел, и когда я увидел мясо на столе, вдруг мне захотелось есть.

1 Я проснулась ночью и (я, вдруг, страшно, пить).
2 Он пришёл домой, увидел её на кухне, и (он, вдруг, уйти оттуда).
3 Три года я не курил, но вдруг во время ужина (я, страшно, курить)!
4 Она пять лет её не видела, и когда она пришла, (она, вдруг, плакать от радости).
5 Погода была очень хорошая, и когда мы увидели море, (мы, купаться).
6 Быть с ней всегда была скучно, и когда она появилась, (я, вдруг, спать)!

Exercise 7

Match the numbers with the letters.

1	Я очень голодный.	а	Очень хочу её прочитать.
2	Я в неё влюблён.	б	Страшно хочется петь!
3	Книга, говорят, очень интересная.	в	Хочу её купить.
4	Машина мне очень нравится.	г	Очень хочется спать.
5	Я сегодня в голосе!	д	Хочу жениться.
6	Я ужасно устала.	е	Ужасно хочу есть!

UNIT THIRTY-EIGHT
Expressing possibility and impossibility

- можно, нельзя

The modal **можно** is used with a perfective infinitive in the following contexts:

1   to ask permission to do something:

Можно (мне) войти? Можно,   'May I come in? You may, of course.'
конечно.

2   to ask when, whether or where it might be possible do something:

Где можно купить газету?   'Where might I buy a newspaper?' or
                                      'Where would be the right place to
                                      buy a newspaper?'

3   to ask if the addressee minds your doing something:

(Если окно открыто и вам   (If the window is open and you are
холодно.) Можно закрыть   cold.) 'Would you mind if I closed the
окно?   window?'

Imperfective imperative: Very often the response to an enquiry as to whether it is possible or permissible to do something is expressed using an imperfective imperative. The speaker is thus inviting the person to do whatever it was he or she was asking about.

Можно (мне) войти?   'May I come in?'
Входите.   'You may (come in).'

Note that, whereas in English the verb 'do' is often used to refer to the action, in Russian the verb used in the advice is repeated.

— **Можно (мне) войти?**   'May I come in?'
— **Входите, пожалуйста.**   'Please, do.'
— **Можно сесть на это место?**   'May I sit here?'
— **Садитесь, пожалуйста.**   'Please, do. Be my guest.'

Where the response is negative, the modal **нельзя** is often used. An imperfective verb following **нельзя** often indicates that the activity is forbidden:

В этом ресторане нельзя курить.	'No smoking allowed in this restaurant.'
Нельзя переходить улицу здесь.	'You can't cross the road here (it is forbidden).'

Here, the activity denoted by the imperfective infinitive is general in the sense that one is *never* allowed to smoke in the restaurant, or that one can *never* cross the road in that place because it is against the law.

Exercise 1

Answer the following questions using the words supplied below according to the model.

Model: Где можно купить билет в Москву? (Московский вокзал)
          На Московском вокзале.

Noun phrases: булочная, гастроном, «Детский мир», книжный магазин, кондитерская, магазин «Подарки», «Мелодия», почта, хозяйственный магазин, художественный салон, Центральный рынок

1 Где можно купить игрушки?	7 Где можно купить открытку?
2 Где можно купить картину?	8 Где можно купить посуду?
3 Где можно купить кассеты?	9 Где можно купить сувениры?
4 Где можно купить крупу?	10 Где можно купить хлеб?
5 Где можно купить конфеты?	11 Где можно купить фрукты и
6 Где можно купить марки?	овощи?

Exercise 2

Insert appropriate noun phrases in the spaces provided. Select the words from the list supplied below.

Noun phrases: балет, иконостас, картины, костюмы, личные вещи, опера, портреты, скульптуры, театральные афиши, эскизы декораций

1 — Что можно посмотреть или послушать в Большом театре? — В Большом театре можно послушать __ или посмотреть __.

2 — Что можно посмотреть в Третьяковской галерее? — В Третьяковской галерее можно посмотреть __ и __.

3 — Что можно посмотреть в Новодевичьем монастыре? — В Новодевичьем монастыре можно посмотреть __ XVI–XVII веков.

4 — Что можно посмотреть в музее А. И. Герцена? — В музее А. И. Герцена можно посмотреть __ и __ великого писателя.

5 — Что можно посмотреть в Центральном театральном музее? — В Центральном театральном музее можно посмотреть __, __ и __.

Exercise 3

Insert an appropriate verb in the space provided. Select the verbs from the list supplied below. One verb may be used twice. Then match the dialogues with the situations listed below.

Verbs: доехать, заказать, купить, поесть

Situations:
а   разговор на улице
б   разговор по телефону со справочным бюро
в   разговаривают два студента на филфаке
г   разговор по телефону с рестораном
д   разговор с дежурной в гостинице

1   У вас можно ___ праздничный обед? Конечно, пожалуйста. На сколько человек?
2   Простите, а где у вас можно ___? На первом этаже у нас есть ресторан.
3   Скажите, пожалуйста, на каком троллейбусе можно ___ до стадиона «Динамо»? На любом.
4   Девушка, по какому номеру можно ___ такси? 137-00-40.
5   Где можно ___ такой словарь? В книжном магазине «Прогресс».

Exercise 4

Complete the following short dialogues by supplying an appropriate verb in the correct form of the appropriate aspect. Select the verbs from the list supplied below.

Verbs: брать/взять, выключать/выключить, закрывать/закрыть, звонить/позвонить, открывать/открыть, садиться/сесть, смотреть/ посмотреть, спрашивать/спросить

1   — Можно ___ окно? Здесь душно. — Пожалуйста, ___.
2   — Можно у вас ___? — Пожалуйста, ___.
3   — Можно ___ эту книгу? — Пожалуйста, ___.
4   — Можно ___ по телефону? — Пожалуйста, ___.
5   — Можно ___ сигарету? — Пожалуйста, ___.
6   — Можно ___ телевизор? — Пожалуйста, ___.
7   — Можно ___ форточку? Здесь холодно. — Пожалуйста, ___.
8   — Можно ___ на это место? — Пожалуйста, ___.

Exercise 5

Insert appropriate verbs in the spaces provided. Select the verbs from the list supplied below.

Verbs: входить, курить, опаздывать, переходить, разговаривать, фотографировать, шуметь

1 Нельзя — при детях.
2 Нельзя — на занятие.
3 Нельзя — улицу на красный свет.
4 Нельзя — в больнице.
5 Нельзя — на письменном экзамене.
6 Нельзя — в партер после третьего звонка.
7 Нельзя — экспонаты в музее.

Exercise 6

Complete the following short dialogues by selecting the appropriate phrases from the list below.

Phrases: только с министром, только до шести часов, только завтра утром в девять часов, только других студентов, только на улице, только в кухне

1 — А готовить в комнате можно? — Нет, нельзя, в общежитии
   готовить можно —.
2 — А с президентом можно встретиться? — Нет, нельзя. Встретиться
   можно —.
3 — А курить в буфете можно? — Нет, нельзя. Курить можно —.
4 — А приглашать гостей в номер можно? — Нет, нельзя. В номер
   приглашать можно —.
5 — А пользоваться телефоном вечером можно? — Нет, нельзя.
   Пользоваться телефоном можно —.
6 — А позвонить домой сегодня можно? — Нет, нельэя. Позвонить
   можно —.

Exercise 7

Complete the following extracts from dialogues by choosing the appropriate phrase from the list below.

Phrases: вода очень холодная; опасно; ресторан закрыт на ремонт (на учёт); стадион закрыт на ремонт; телевизор не работает; это музей, а не магазин!

1 — А купаться в реке можно? — Нельзя. — Почему? — Потому
   что —.
2 — А покупать картины в Эрмитаже можно? — Нельзя. — Почему?
   — Потому что —.

3   — А там можно играть в футбол? — Нельзя. — Почему? — Потому что ___.

4   — А в этой гостинице можно поесть? — Нельзя. — Почему? — Потому что ___.

5   — А смотреть телевизор можно? — Нельзя. — Почему? — Потому что ___.

6   — А ходить по улицам вечером можно? — Нельзя. — Почему? — Потому что ___.

UNIT THIRTY-NINE
Expressing necessity

- надо, не надо, нельзя

The modal **надо** followed by an infinitive and with a dative personal pronoun or noun means:

- one must: **Саше надо поговорить с профессором.** — 'Sasha must speak with the professor.' or
- one needs to: **Нам надо купить продукты.** — 'We need to buy some food.'

The modal **надо** without a dative personal pronoun means 'it is necessary to' (cf. French *il faut*): **Надо идти домой.** — 'It is necessary to go home.' Here, the context reveals to whom the command is addressed. If, for example, a mother was telling her child's friend to go home, then it would mean 'You have to go home now.' — **Тебе надо идти домой.** If a guest or guests said it to their host, then it would mean 'I (We) have to go home now.' — **Мне (Нам) надо идти домой.**

The modal **не надо** when followed by an infinitive signifies that the speaker wants the addressee to stop doing something at that moment:

Не надо здесь курить!	'You can't smoke here!', 'Don't smoke here!'

Standing on its own, **не надо** could be translated as 'don't' or 'don't do that':

Молодой человек, не надо!	'Young man, don't do that!'

Aspect: The modals **надо**, **можно** and **нельзя** may be followed by either aspect, depending on how the action denoted by the infinitive is viewed by the speaker. The more general and unspecific the action is considered to be, the more likely it will be expressed in the imperfective aspect. If, on the other hand, an action is viewed as specific, then it will be expressed in the perfective aspect.

Нельзя + *imperfective/perfective*: An imperfective verb following **нельзя** often indicates that the activity is forbidden (see Unit 38):

В этом ресторане нельзя курить.	'No smoking allowed in this restaurant.'
Нельзя переходить улицу здесь.	'You can't cross the road here (it is forbidden).'

Here, the activity denoted by the imperfective infinitive is general in the sense that one is never allowed to smoke in the restaurant, or that one can never cross the road in the place because it is against the law.

By contrast, a perfective verb following **нельзя** often indicates that it is impossible to do a certain activity at a given time or under certain circumstances:

Нельзя перейти улицу на Октябрьской площади. Там очень много движения.	'You can't get across October Square. The traffic's too heavy.'
Нельзя войти в аудиторию: дверь заперта.	'You can't get into the auditorium: the door's locked.'

Надо + *imperfective/perfective*: An imperfective verb following **надо** often indicates that the activity must or should be done in a general sense:

1   **Мне надо готовиться к экзаменам.** — 'I have to prepare myself for the exams.'
2   **Надо работать.** — 'It is necessary to work. Work is a necessary thing. One must work.'

In the first example the speaker is referring to the necessity to prepare himself or herself for the forthcoming examinations in a general way, while the second proverbial-type example means simply that work (in general) is a necessary thing.

By contrast, a perfective verb following **надо** indicates that a certain activity must or should be done at a given time or under specific circumstances:

Я сегодня целый день буду заниматься в библиотеке. Надо приготовиться к встрече.	'Today I'm going to spend the entire day studying in the library. I have to prepare for the meeting.'
Я хочу пойти на концерт Пугачёвы. Надо сегодня же купить билеты.	'I want to go to the Pugacheva concert. I've got to buy tickets today.'

Exercise 1

Insert appropriate verbs in the spaces provided. Select the verbs from the list supplied below.

Verbs: войти, достать, кончить, купить, открыть , проехать

1   Нельзя __ по этой дороге: были сильные дожди.
2   Нельзя __ билеты на сегодняшний спектакль: все билеты проданы.
3   Нельзя __ в эту комнату: дверь заперта.
4   Нельзя __ эту книгу: она не переиздавалась.
5   Нельзя __ дверь: у нас нет ключа.
6   Нельзя __ матч: мяч упал в реку.

Exercise 2

Match the following questions and answers.

Questions:	*Answers*:
1 Зачем ты идёшь на почту?	а Да, мне надо отнести книги.
2 Нам завтра приходить?	б Мне надо сдать книги.
3 Вы идёте в библиотеку?	в Мне надо послать телеграмму.
4 Зачем тебе надо в библиотеку?	г На почту. Мне надо отправить телеграмму.
5 Зачем ты идёшь к директору?	д Да, вам надо повидаться с директором.
6 Куда ты идёшь после занятии?	е Надо решить несколько вопросов.

Exercise 3

Insert appropriate verbs in the spaces provided. Select the verbs from the list supplied below. Indicate which of the sentences suggest (a) there is no need to do something, and (b) one ought not do something.

Verbs: брать, вставать, открывать, посещать, приносить, читать

1   Нам завтра не надо рано __.
2   Не надо __ магнитофон, мы занимаемся в лингафонном кабинете.
3   Не надо __ окно: на улице холодно.
4   Не надо __ лекций по фонетике, ведь вы уже сдали экзамен.
5   Эту статью не надо __, в ней ничего интересного нет.
6   Не надо __ с собой книги, там есть библиотека.

Exercise 4

Complete the following sentences by selecting an appropriate activity from the list supplied below.

Activities: брать книги на дом, заниматься спортом, использовать компьютеры, отдыхать, проводить эксперименты, слушать кассеты, читать учебную литературу

В нашем учебном заведении можно

1	__ в читальном зале	5	__ в компьютерном кабинете
2	__ в лаборатории	6	__ в библиотеке
3	__ в спортзале	7	__ в лингафонном кабинете
4	__ в кружках		

Exercise 5

Write sentences according to the model.

Model: мы, доехать, до, центр города
        Как нам доехать до центра города?

1 я, попасть, на, Красная площадь
2 я, пройти, к, Ленинградский вокзал
3 мы, попасть, в, дом-квартира Достоевского
4 мы, доехать, до, Невский проспект
5 я, добраться, до, Кузнецкий мост
6 добраться, до, Кремль
7 пройти, к, Библиотека имени Ленина
8 мы, дойти, до, бассейн
9 мы, попасть, на, Арбат
10 я, доехать, до, ВДНХ
11 мы, добраться, до, университет
12 попасть, в, гостиница «Интурист»
13 я, дойти, до, Тверская улица

Exercise 6

Put the words in brackets in the appropriate form to complete the following short exchanges.

Model: — Скажите, пожалуйста, как (я) доехать до («Детский мир»)?
        — (вы) надо сделать (пересадка) на (Таганская), и потом надо ехать до (Лубянка). Там находится «Детский мир».
        — Скажите, пожалуйста, как мне доехать до «Детского мира»?
        — Вам надо сделать пересадку на Таганской, и потом надо ехать до Лубянки. Там находится «Детский мир».

1 — А вы не скажете, как (мы) доехать до (Киевская)? — Надо сделать (пересадка) на (кольцевая линия).
2 — Молодой человек, как (мы) доехать до (зоопарк)? — Надо ехать до (Кузнецкий мост), там надо сделать (пересадка), и потом надо ехать до (Краснопресненская). Зоопарк находится рядом со станцией метро.

3   — Извините, пожалуйста, как (я) доехать до (Зубовский бульвар)?
— Вам надо сделать (пересадка) на (проспект Мира), потом надо
доехать до (Парк Культуры). Зубовский бульвар находится рядом.

4   — Скажите, пожалуйста, как доехать до Шереметьева? — (вы) надо
доехать до (Речной вокзал), оттуда идут автобусы в Шереметьево.

5   — А вы не скажете, как (мы) доехать до (Ярославский вокзал)? —
Надо ехать до (Боровицкая), там надо сделать (пересадка), и потом
надо доехать до (Комсомольская).

6   — Как (мы) доехать до (Тверская улица)? — Надо сделать
(пересадка) на (Белорусская), и оттуда надо доехать до (Чеховская).

7   — Будьте добры, как (я) доехать до главпочтампта? — (вы) надо
ехать без (пересадка) до (Охотный ряд).

UNIT FORTY
Revision Unit

Exercise 1

Complete the unfinished words in the following extracts from Anton Chekhov's correspondence. The number of dashes indicates the number of letters which have been omitted.

1.   25 ноября, 1882, Мелихово
А. С. Суворину

Я прие__ и бу__ жить в Петербурге почти месяц. Быть может, выбер___ в Финлядию. Когда при___? Не знаю. Всё зависит от того, когда напи__ повесть.

2.   2 марта, 1897, Мелихово
Е. М. Шавровой

Прие__ я на один день, спешно, не останов____ нигде; ночев___ буду в ресторане. Затем на третьей неделе поста я прие__ в Моск__ уже надолго, дня на четыре, и то___ буду дел___ визиты.

3.   4 января, 1898, Ницца
А. С. Суворину

Вот моя программа: в конце сего января или, вернее, в начале февраля я пое__ в Алжир, в Тунис et cetera потом верн___ в Ниццу, где буду жда__ Вас (Вы писали, что прие____ в Ниццу), затем пое___ вместе в Париж и оттуда на поезде «молния» в Россию праздновать пасху.

4.   30 августа, 1898, Мелихово
Л. А. Авиловой

Я по___ в Крым, пот__ на Кавказ и, когда там станет холодно, пое__, вероятно, куда-нибудь за грани__. Значит, в Петербург не попа__.

5.   14 октября, 1898, Ялта

М. П. Чеховой

Если мамаша пое___ ко мне, то пусть телеграфирует; я вые__ в Севастополь к ней навстречу и с воказала прямо пов___ её в Ялту на лошадях.

6.   20 января, 1899, Ялта

П. Л. Леонтьеву

Весной я по___, быть может, за грани__ — ненадолго; отт___ домой в Серпуховской уезд, в июне в Крым, в июле опять дом__, осен__ оп___ в Крым. Вот Вам мой, так сказать, жизненный маршрут.

7.   20 февраля, 1899, Ялта

А. М. Кондратьеву

Если летом Вы буд___ в Москве или недалеко от Мос___, то напишите мне, и я при___ к Вам, чтобы повидаться и погов_____ о пьесе.

Exercise 2

Match the questions and answers.

Questions:		*Answers:*	
1	Куда ты собираешься?	а	Нет, в кафе.
2	Куда ты, в парк?	б	Читать газету и смотреть
3	Что ты собираешься делать завтра?		телевизор.
		в	Нет, но собирается туда поехать.
4	Она уже была в Москве?	г	В парк.
5	Он собирается туда поехать?	д	Я!
6	Кто у вас собирается поступать в институт?	е	Нет, он уже там был!

Exercise 3

Put the words in brackets in an appropriate form.

Model: Давай (встретиться) __! Хорошо, (ты: зайти) __ ко мне завтра после работы.

Давай встретимся! Хорошо, зайди ко мне завтра после работы.

1 Давайте (увидеться) __! Хорошо, (вы: зайти) __ ко мне завтра после шести.

2 Давай я вам (позвонить) __ завтра. Нет, ты лучше (зайти) __ к нам и всё решим.

3 Давайте (поговорить) ___ об этом. Хорошо. (вы: зайти) ___ к нам на работу завтра утром.

4 Давай (зайти) ___ к ней по пути домой. Нет, лучше (ты: зайти) ___ к ней сегодня вечером, а я её увижу в понедельник.

5 Давай я тебе всё (рассказать) ___ по телефону. Нет, ты лучше (зайти) ___ ко мне послезавтра.

Exercise 4

Write sentences according to the model. Then add to these sentences the reason for the suggestions. Select appropriate reasons from the list supplied below.

Model: (ты) пойти в кино
       Давай пойдём в кино. Говорят, идёт хороший фильм.

1 (вы) поужинать в «Праге»
2 (вы) написать редактору
3 (ты) пойти к нему в гости
4 (ты) съездить на юг
5 (вы) сходить на выставку
6 (ты) искупаться!

Reasons: Вода, говорят, тёплая. Он всегда нас приглашает к себе. Погода там прекрасная! Завтра она закроется. Говорят, он всегда отвечает. Говорят, там очень хорошо готовят.

Exercise 5

In the following exchanges indicate whether the second person accepts or refuses the invitation.

1 Пойдём на стадион? К сожалению, не могу: завтра экзамен.
2 Валентина Петровна, пойдёмте с нами на концерт. Спасибо, сегодня не могу. Вечером я занята.
3 Вы не хотите пойти на «Лебединое озеро»? У меня есть билеты. С удовольствием. Я давно хотела посмотреть этот балет.
4 Я хочу пригласить вас с женой к нам сегодня вечером. Спасибо. С удовольствием придём.
5 Я хочу пригласить вас в кино. Спасибо.
6 Давай покатаемся на лодке. Что-то не хочется.
7 Приходи ко мне в среду. Я посмотрю. Приду, если смогу.

Exercise 6

In the following sentences insert an appropriate noun or verb according to the model.

Model: Мы договорились, что встретимся в метро.
Мы договорились встретиться в метро.
Мы договорились о встрече в метро.

Verbs: обменяться, отремонтировать, поехать, пообедать, продать
Nouns: обед, обмен, поездка, продажа, ремонт

1   Мы договорились, что летом __ в Крым. Мы договорились __ летом в Крым. Мы договорились о __ летом в Крым.
2   Мы договорились, что __ машину. Мы договорились __ машину. Мы договорились о __ машины.
3   Мы договорились, что __ квартирами. Мы договорились __ квартирами. Мы договорились об __ квартирами.
4   Мы договорились, что __ в ресторане. Мы договорились __ в ресторане. Мы договорились об __ в ресторане.
5   Мы договорились, что __ квартиру. Мы договорились __ квартиру. Мы договорились о __ квартиры.

Exercise 7

Put the following exchanges into the correct order.

1   — А во сколько? — В 7 часов. — Договорились. — Пойдём сегодня в кино?
2   — А что? У тебя есть какие-то планы? — Если ты свободен, давай пойдём в театр. — Хорошая идея. Я согласен. — Что ты делаешь сегодня вечером?

Exercise 8

Match the questions/suggestions and responses.

Suggestions:
1   Ты у кого был в гостях?
2   Она у Ани была в гостях?
3   Кто тебя пригласил в гости?
4   Кого вы пригласили в гости?
5   Он вчера ужинал с вами?
6   Они уже были у вас в гостях?
7   Оля, давай пойдём поужинать в ресторан.
8   Маша, давай поедем в субботу за город.

9 Пошли в кино.
10 Вы не хотите пойти на «Лебединое озеро»? У меня есть билеты.

Responses:

а Вера.
б Нет, он ужинал в гостях.
в Валю с Игорем.
г Были.
д У Саши.
е Нет, у меня.
ж Давай, поедем.
з С удовольствием. Я давно хотела посмотреть этот балет.
и А может быть, лучше посидеть в кафе? Мне что-то не хочется в ресторан.
к Пойдёмте.

Exercise 9

Rewrite the following sentences according to the model:

Model: Передайте ему, что я звонил.
　　　　　Хорошо, (я: передать). Хорошо, передам.

1 Купите мне, пожалуйста, два пакета молока. Хорошо, (я: купить) __.
2 Закажите, пожалуйста, еще одно место. Хорошо, (мы: заказать) __.
3 Напиши матери письмо! Обязательно (я: написать) __.
4 Откройте, пожалуйста, окно. Хорошо, (я: открыть) __.
5 Очень просим, спойте нам ещё одну песню! Ладно, (мы: спеть) __.

Exercise 10

Responding to advice: complete the following dialogues according to the model. Select the verbs from the list supplied below.

Model: Надо сказать ему о собрании.
　　　　　Хорошо, я скажу.

Verbs: взять, вызвать, заказать (×2), купитьнаписать, отправить, позвонить, пойти, послушать, сделать

1 Советую тебе __ врача. Конечно, обязательно __.
2 __ новый роман Есина. Непременно __.
3 __ телефонный разговор. Сейчас __.
4 Надо __ ректору. Конечно, __.
5 __ билеты на поезд. Я завтра __.
6 __ телеграмму отцу. Непременно __.

7 Надо __ последние новости. __.
8 __ ему открытку о нашем приезде. Я обязательно __.
9 Я вам рекомендую прочитать новый роман Есина. Хорошо, Сергей
   Петрович, завтра __ в библиотеку и __ эту книгу.
10 Не знаю, что подарить сестре. Купи ей книгу о картинах Репина.
   Да, так и __.

Exercise 11

Complete the following short dialogues according to the model.

Model: (ты: позвонить) ему до субботы. Почему? Потому что в
        субботу он (уехать) в Крым.
        Позвони ему до субботы. Почему? Потому что в субботу
        он уедет в Крым.

1 (ты: купить) __ три батона чёрного хлеба. Почему три? Потому что
   завтра (прийти) __ гости.
2 (ты: отнести) __ книги в библиотеку. А почему? Потому что завтра
   библиотека (закрыться) __ на лето.
3 (вы: поговорить) __ с депутатом. Почему? Потому что он тебе
   обязательно (помочь) __.
4 (вы: заказать) __ еще один билет. Почему? Потому что Соня
   (пройти) __ с нами.
5 (ты: прочитать) __ его новые стихи. Почему? Потому что они
   обязательно тебе (понравиться) __.
6 (ты: посмотреть) __ этот фильм. Почему? Потому что я уверен, что
   он тебе (понравиться) __.

Exercise 12

Match the requests and responses.

Requests:
1 Если вам не трудно, позвоните мне сегодня вечером.
2 Пожалуйста, передай ему большой привет.
3 Пожалуйста, сделайте нам перевод этой статьи.
4 Принеси с собой на вечер гитару.
5 Оля, выключи, пожалуйста, радио.
6 Ну дай мне книгу, я очень люблю Искандера!
7 Будьте добры, напишите письмо его родителям.

Responses:

а   Хорошо, сделаю. До субботы ещё есть время.

б   Хорошо, принесу.

в   Хорошо, завтра напишу.

г   Сейчас выключу.

д   Ладно, дам.

е   Обязательно передам.

ж   Хорошо, позвоню.

KEY TO EXERCISES

Unit 1

Exercise 1 *Masculine*: театр; магазин; город; студент; фильм; автомобиль; словарь; учебник; карандаш; зал; язык; хлеб; сад; университет; факультет; билет; год; дом; этаж *Feminine*: музыка; улица; площадь; станция; библиотека; гора; школа *Neuter*: окно; письмо; место; здание; метро; море

Exercise 2 *Nouns affected by the spelling rule in the formation of the plural*: книга; врач; урок; дача; учебник; карандаш; язык; библиотека; ученик; этаж

Exercise 3 *Hard*: окно; театр; письмо; магазин; врач; город; музыка; студент; улица; место; фильм; дача; учебник; карандаш; зал; язык; библиотека; метро; хлеб; сад; университет; ученик; факультет; билет; библиотека; год; гора; дом; школа; этаж *Soft*: автомобиль; площадь; словарь; здание; станция; море

Exercise 4 1 Она балерина. 2 Он гимнаст. 3 Он поэт. 4 Она певица. 5 Он космонавт. 6 Она космонавт. 7 Она жена Ельцина. 8 Он поэт. 9 Он шахматист. 10 Он футболист. 11 Он президент. 12 Он писатель.

Exercise 5 1 Нет, она не жена Ельцина, а балерина. 2 Нет, он не космонавт, а гимнаст. 3 Нет, она не космонавт, а поэт. 4 Нет, она не писатель, а певица. 5 Нет, он не поэт, а космонавт. 6 Нет, она не певица, а космонавт. 7 Нет, она не поэт, а жена Ельцина. 8 Нет, он не президент, а поэт. 9 Нет, он не футболист, а шахматист. 10 Нет, он не певец, а футболист. 11 Нет, он не гимнаст, а президент. 12 Нет, он не шахматист, а писатель.

Exercise 6 1 Они студенты. 2 Они инженеры. 3 Они журналисты. 4 Они студентки. 5 Они девочки. 6 Они врачи. 7 Они мальчики. 8 Они журналистки.

Exercise 7 *Masculine*: студенты; автобусы; театры; фильмы; институты; магазины; родители; автомобили; писатели; музеи; трамваи; лицеи; парки; флаги; цирки; языки; уроки; ученики *Feminine*: карты; лампы; комнаты; улицы; балерины; квартиры; площади; ночи; двери; станции; экскурсии; аудитории; книги; кошки; дачи; подруги;

библиотеки; марки *Neuter*: окна, письма, кресла, слова, моря, здания, занятия, упражнения

Exercise 8 1 Кто это? Это врач. 2 Что это? Это дом. 3 Кто это? Это журналист. 4 Кто это? Это журналистка. 5 Кто это? Это инженер. 6 Что это? Это институт. 7 Что это? Это квартира. 8 Что это? Это магазин. 9 Кто это? Это мальчик. 10 Кто это? Это Павел. 11 Что это? Это площадь. 12 Кто это? Это Соня. 13 Кто это? Это студент. 14 Что это? Это школа.

Exercise 9 1 это 2 он, 3 это 4 они 5 это 6 это 7 она

Unit 2

Exercise 1 *Adjectives affected by the spelling rule in the formation of the plural*: английская; большая; горячая; детская; дорогая; московская; плохая; тихая

Exercise 2 1 этот 2 это 3 этот 4 это 5 этот 6 этот 7 эта 8 этот 9 эта 10 это 11 этот 12 этот 13 эта 14 этот

Exercise 3 1 Мой. 2 Твой. 3 Ваш. 4 Ваша. 5 Наш. 6 Моя. 7 Моё. 8 Твоя. 9 Мой. 10 Наше. 11 Твоё. 12 Ваш.

Exercise 4 I 1-б: английский словарь 2-в: Белый дом 3-г: Большой театр 4-а: доброе утро

II 1-в: лишний билет 2-а: молодой человек 3-г: московское метро 4-б: Московский университет

III 1-г: свободное время 2-а: средняя школа 3-б: универсальный магазин 4-в: филологический факультет

IV 1-б: прошлый год 2-а: горячий хлеб 3-г: Детский мир 4-в: Красная площадь

V 1-г: Новый Арбат 2-в: Чёрное море 3-а: первый этаж 4-б: родной город

VI 1-в: русский язык 2-г: следующая остановка 3-б: читальный зал 4-а: старые люди

Exercise 5 1 такой 2 такая 3 такой 4 она 5 она 6 он

Exercise 6 1-г: англо-русские словари 2-д: лишние билеты 3-а: универсальные магазины 4-б: иностранные языки 5-в: красные карандаши 6-з: новые автомобили 7-и: чёрные кошки 8-к: народные музыканты 9-е: политические корреспонденты 10-ж: коммунальные квартиры

Unit 3

Exercise 1 1-и: Бангкок в Таиланде. 2-д: Бразилия в Бразилии. 3-б: Буэнос-Айрес в Аргентине. 4-е: Дели в Индии. 5-л: Дурбан в Южной Африке. 6-в: Кабул в Афганистане. 7-ж: Лахор в Пакистане. 8-м: Мельбурн в Австралии. 9-з: Москва в России. 10-к: Париж во Франции. 11-г: Рангун в Мьянме. 12-а: Токио в Японии.

Exercise 2   1-ж: в институте 2-е: на площади 3-к: на бульваре 4-и: на стене 5-д: на полке 6-а: на горах 7-г: на доске 8-б: в словаре 9-в: на море 10-з: в аудитории

Exercise 3   1 в парке 2 в ОВИРе 3 в Доме 4 в сберкассе 5 на почте 6 в университете 7 в ресторане 8 на втором этаже 9 на площади 10 в квартире 11 на платформе 12 в институте

Exercise 4   1-з: в литературном институте 2-ж: на Красной площади 3-и: на Тверском бульваре 4-г: на втором этаже 5-е: на книжной полке 6-б: на Воробьиных горах 7-а: в Белом доме 8-в: в англо-русском словаре 9-д: на Чёрном море

Exercise 5   1-б: в Большом театре 2-з: на первом курсе 3-г: в книжном магазине 4-д: в коммунальной квартире 5-а: на Чёрном море 6-и: в универсальном магазине 7-ж: в читальном зале 8-е: на следующей остановке 9-к: на филологическом факультете 10-в: в лингафонном кабинете

Exercise 6   1-б: играть роли в пьесах 2-ж: жить в московских пригородах 3-е: покупать и продавать на рынках 4-в: сидеть и слушать на лекциях 5-г: слушать лекции в аудиториях 6-д: обедать и ужинать в хороших ресторанах 7-а: учиться на вечерних курсах

Unit 4

Exercise 1   *Infinitives*: бегать; кататься; лечь; любить; петь; пить; плавать; помочь; работать; танцевать; убирать; читать. The other words are nouns.

Exercise 2   1 Да, люблю. 2 Нет, не любит. 3 Да, любит. 4 Да, любят. 5 Нет, не любит. 6 Нет, не люблю.

Exercise 3   1 любите 2 любишь 3 любит 4 любите 5 любят 6 любит 7 любишь 8 любит 9 любят 10 любите 11 любит 12 любишь

Exercise 4   1 Вы любите ходить в кино? 2 Он(а) любит играть в футбол? 3 Ты любишь ездить на дачу? 4 Ты любишь купаться в море? 5 Вы любите загорать на пляже? 6 Он(а) любит учить грамматику? 7 Ты любишь читать детективы? 8 Вы любите смотреть ТВ? 9 Он(а) любит кататься на лыжах? 10 Вы любите болтать по телефону? 11 Ты любишь убирать квартиру? 12 Он(а) любит писать письма?

Exercise 5   1 танцевать 2 петь 3 читать 4 ресторане 5 играть 6 ходить 7 смотреть 8 ловить 9 ездить 10 собирать 11 загорать 12 море. Words formed from missing letters: вечерам and летом.

Unit 5

Exercise 1   1 работаю 2 читаешь 3 плавает 4 бегает 5 отдыхаем 6 работаете 7 читают 8 загораю

Exercise 2   1 Да, читаю. 2 Да, отдыхает. 3 Да, бегает. 4 Нет, не плавают. 5 Нет, не читает. 6 Да, работаю.

Exercise 3   1 слушаете 2 читает 3 читаю 4 играешь 5 читаем 6 слушают 7 читаешь 8 играем 9 читают 10 слушает 11 играете 12 читаю

Exercise 4   1 поёте 2 живёт 3 пишу 4 поёшь 5 живём 6 пишет 7 пишешь 8 поём 9 поют 10 живёт 11 поёте 12 живут

Exercise 5   1 Он(а) работает 2 Я гуляю 3 Мы плаваем 4 Вы отдыхаете 5 Ты читаешь 6 Они обедают 7 Ты слушаешь 8 Мы играем 9 Я пишу 10 Они загорают 11 Он(а) убирает 12 Мы поём

Exercise 6   1 Где ты читаешь? 2 Где ты плаваешь? 3 Где ты загораешь? 4 Где ты обедаешь? 5 Где ты живёшь? 6 Где ты отдыхаешь? 7 Где ты поёшь?

Exercise 7   1 Мы 2 Они 3 Я 4 ты 5 вы 6 Вы

Unit 6

Exercise 1   1 говорю 2 куришь 3 готовит 4 сидит 5 смотрим 6 сидите 7 готовите 8 смотрят

Exercise 2   1 Он(а) 2 Мы 3 Я 4 Они 5 Они 6 Я

Exercise 3   1 смотрите 2 говорит 3 смотрю 4 говоришь 5 говорим 6 смотрим 7 говорят 8 смортит 9 смотрю 10 говорит

Exercise 4   1 ходите 2 готовит 3 готовлю 4 платишь 5 платим 6 хожу 7 ходишь 8 ходим 9 готовят 10 платит 11 готовите 12 ходят

Unit 7

Exercise 1   1 Где здесь метро? Вот оно. 2 Кто Катя? Она студентка. 3 Кто она такая? Она журналист (журналистка). 4 Это Мария? Да, Мария. 5 Она студентка? Нет, она балерина. 6 Кто такой Зюганов? Он коммунист. 7 Это наш учитель? Да, ваш. 8 Чьи это деньги? Это мои. 9 Где ваши родители? Они дома. 10 Чьё это место? Твоё? Нет, не моё, а твоё. 11 Где мой словарь? Вот он. 12 Где здесь Красная площадь? Она там. 13 Кто они такие? Они музыканты. 14 Он кто такой? Инженер? Да, инженер. 15 Они студенты? Да, студенты. 16 Кто она такая? Она врач.

Exercise 2   1 в хоре 2 в больнице 3 в парке 4 на море 5 в театре 6 в общежитии 7 в аудитории 8 на стадионе 9 в библиотеке 10 на заводе

Exercise 3   1 в поликлинике 2 в университете 3 в гостинице 4 в газете 5 в магазине 6 в деревне 7 в школе 8 на улице 9 в библиотеке 10 на юге

Exercise 4   1 читать книгу, читаю книгу, читает книгу 2 гулять в парке, гуляю в парке, гуляет в парке 3 плавать в бассейне, плаваю в бассейне, плавает в бассейне 4 слушать музыку, слушаю музыку, слушает музыку 5 ходить в кино, хожу в кино, ходит в кино 6 петь песню, пою песню, поёт песню 7 играть в теннис, играю в теннис, играет в теннис 8 смотреть телевизор, смотрю телевизор, смотрит телевизор 9 ездить на дачу, езжу на дачу, ездит на дачу 10 болтать по телефону, болтаю по телефону, болтает по телефону 11 загорать на пляже, загораю на пляже, загорает на пляже 12 любить читать, люблю читать, любит читать 13 убирать комнату, убираю комнату, убирает комнату 14 учить грамматику, учу грамматику, учит грамматику 15 ловить рыбу, ловлю рыбу, ловит рыбу 16 обедать в ресторане, обедаю в ресторане, обедает в ресторане 17 жить в Москве, живу в Москве, живёт в Москве 18 работать на заводе, работаю на заводе, работает на заводе 19 отдыхать на юге, отдыхаю на юге, отдыхает на юге 20 писать письмо, пишу письмо, пишет письмо 21 учиться в институте, учусь в институте, учится в институте 22 строить новый дом, строю новый дом, строит новый дом 23 готовить обед, готовлю обед, готовит обед 24 лежать в больнице, лежу в больнице, лежит в больнице 25 платить за билет, плачу за билет, платит за билет

Exercise 5   1 ты 2 Они 3 Он(а) 4 она 5 Он 6 Я

Exercise 6   1 Где ты живёшь? Я живу в Москве. 2 Где ты работаешь? Я преподаю в Московском университете. 3 Где вы отдыхаете? Летом мы отдыхаем на даче, а зимой на юге. 4 Что ты сейчас делаешь? Работаю в университете. 5 Где работает Саша? В Москве. 6 Что вы читаете? Читаю русский роман. 7 Где обычно отдыхает Таня? На юге. 8 Где вы обычно плаваете? В море. 9 Что она сейчас делает? Она поёт. 10 Что вы делаете на юге? Мы купаемся в море, загораем на пляже, катаемся на лодке и играем в волейбол.

Exercise 7   1 начинается 2 кончается 3 называется 4 закрывается 5 открывается

Exercise 8   1-г, 2-а, 3-б, 4-в; 1-б, 2-в, 3-г, 4-а; 1-в, 2-б, 3-г, 4-а; 1-г, 2-в, 3-б, 4-а

Exercise 9   1-з, 2-а, 3-д, 4-ж, 5-г, 6-б, 7-в, 8-е

Unit 8

Exercise 1   1 не 2 часто 3 никогда не 4 люблю 5 часто 6 ездить, не 7 не, никогда 8 люблю 9 кататься, часто 10 не, не 11 часто, телефону 12 люблю, в

Exercise 2   1 А он любит заниматься дома. 2 А я люблю спать. 3 А мы любим танцевать. 4 А сын любит ходить в кино. 5 А я люблю бегать. 6 А муж любит писать.

Exercise 3   1 Утром я люблю работать, а вечером отдыхать. 2 Вечером я люблю смотреть телевизор, а утром спать. 3 Зимой я люблю бегать, а летом плавать. 4 Утром я люблю читать, а вечером писать. 5 Летом я люблю отдыхать на юге, а зимой сидеть дома. 6 Утром я люблю работать дома, а вечером ходить в кино.

Exercise 4   1 в пятницу 2 во вторник 3 в воскресенье 4 в понедельник 5 в среду 6 в субботу 7 в четверг

Exercise 5 1 Ты любишь плавать летом? 2 Утром я люблю работать, а вечером я люблю отдыхать. 3 Я люблю бегать осенью. 4 Летом я люблю плавать. 5 Ты любишь ходить в кино весной? 6 Вечером я люблю сидеть дома. 7 Ты любишь ездить на дачу? Да, люблю. 8 Что ты любишь делать вечером? Смотреть ТВ и читать газеты. 9 Он часто ходит в кино? Нет , никогда. 10 Вы любите играть в карты? Да, любим. Мы часто играем вечером. 11 Что любит делать Ельцин летом? Играть в шахматы? Нет, он не любит играть в шахматы, он любит играть в теннис. 12 Они любят плавать? Да, любят. Они часто ходят в бассейн. 13 Он любит убирать квартиру? Нет, не любит. 14 Ты часто играешь в теннис? Да, часто. Но только летом. 15 Что она любит смотреть по телевизору? Спортивные передачи? Нет, не спортивные передачи, а документальные фильмы.

Exercise 6 1 Я люблю 2 Он(а) смотрит 3 Ты лежишь 4 он(а) ловит 5 Они строят 6 Мы говорим 7 Я хожу 8 Они платят 9 Мы учимся 10 он(а) готовит 11 Они говорят 12 Вы сидите

Exercise 7 1 часто, каждый 2 каждый, никогда 3 Нет 4 часто, каждый 5 Нет 6 Да 7 каждый, вечер 8 часто 9 часто, Нет

Unit 9

Exercise 1 1 Она читает роман. 2 Они смотрят фильм. 3 Я покупаю сметану. 4 Он слушает музыку. 5 Она курит сигарету. 6 Мы готовим ужин.

Exercise 2 1 Нет, журнал. 2 Нет, музыку. 3 Нет, обед. 4 Нет, концерт. 5 Нет, письмо. 6 Нет, сметану.

Exercise 3 1 «Войну и мир». 2 Спортивную передачу. 3 Свою комнату. 4 Народную музыку. 5 Овсяную кашу. 6 Новые слова.

Exercise 4 1 фильм, документальные 2 народную, песни 3 передачу, спортивные 4 новую, книги 5 длинное, письма 6 газету, русские

Exercise 5 1 песню, песни 2 дачу, дачи 3 лекцию, лекции 4 квартиру, квартиры 5 статью, статьи 6 машину, машины 7 билет, билеты 8 экзамен, экзамены 9 лекарство, лекарства 10 письмо, письма 11 урок, уроки 12 медаль, медали 13 фильм, фильмы 14 операцию, операции

Unit 10

Exercise 1 1 заниматься, занимался, занималась, занимались 2 учиться, учился, училась, учились 3 жить, жил, жила, жили 4 писать, писал, писала, писали 5 играть, играл, играла, играли 6 любить, любил, любила, любили 7 танцевать, танцевал, танцевала, танцевали 8 купаться, купался, купалась, купались 9 гулять, гулял, гуляла, гуляли 10 петь, пел, пела, пели 11 работать, работал, работала, работали 12 умереть, умер, умерла, умерли

Exercise 2   1 смотрела 2 читал 3 были 4 слушали 5 отдыхал(а) 6 бегали
Exercise 3   1 Да, ходил. 2 Нет, не курила. 3 Да, была. 4 Нет, не читал.
5 Да, смотрела. 6 Нет, не плавали.
Exercise 4   1 Вчера она была дома. 2 На прошлой неделе он был в
Москве. 3 В прошлом году был снег. 4 На прошлой неделе был матч.
5 Вчера были занятия. 6 Вчера была лекция.
Exercise 5   1 Да, я там плавал(а). 2 Да, он там был. 3 Да, она там была.
4 Да, она там жила. 5 Да, они там отдыхали. 6 Да, я там жил(а).
Exercise 6   был, делали, читал, смотрел; — Соня, где вы были вчера?
— Я была дома. — А что вы там делали? — Я читала и смотрела
телевизор.
Exercise 7   1 писали 2 отдыхали 3 плавали 4 был 5 говорил(а)
Exercise 8   1 встретились 2 родилась 3 началась 4 поженились
5 кончилась
Exercise 9   *Verbs 1*: 1 начался 2 кончилось 3 называлась 4 родилась
5 Открылась *Verbs 2*: 1 ложился 2 занимался 3 катались 4 договорились
5 женился 6 садились 7 вернулся (вернулась) 8 купались 9 встречался
(встречалась)
Exercise 10   1 Что он сказал? Он ничего не сказал. 2 Что она купила?
Она ничего не купила. 3 Что вы слушали? Мы ничего не слушали. 4 Что
они делали? Они ничего не делали. 5 Что он готовил? Он ничего не
готовил. 6 Что они пели? Они ничего не пели.

Unit 11

Exercise 1   1-b, 2-b, 3-a, 4-a, 5-b
Exercise 2   1-b, 2-a, 3-a, 4-b, 5-b, 6-a, 7-a
Exercise 3   1 Бывший чемпион тренирует нашу команду. 2 Лекции
будет читать профессор Н. 3 Почтальон принёс почту. 4 Операцию
делает врач. 5 Город Ярославль основал князь Ярослав Мудрый.
6 Саша передал эту книгу.
Exercise 4   1-г, 2-а, 3-е, 4-б, 5-в, 6-д; 1-г, 2-в, 3-б, 4-е, 5-а, 6-д

Unit 12

Exercise 1   1 роман 2 газету 3 учебники 4 передачу 5 новости 6 мясо
Exercise 2   *Objects 1*: 1 комнату 2 сигарету 3 музыку 4 фильм 5 обед
6 газету 7 хлеб *Objects 2*: 1 эту книгу 2 этот фильм 3 квартиру 4 эту
кассету 5 горячий хлеб 6 эту картину 7 дачу 8 грамматику
Exercise 3   1 книга 2 хорошую книгу 3 чёрная машина 4 машина
5 новую квартиру 6 русская балалайка 7 бутылка
Exercise 4   1 сижу, смотрю 2 отдыхаем, любим 3 делаете, читаете
4 слушаю, люблю 5 сидит, читает 6 бегают
Exercise 5   1 работала, сидит 2 отдыхал 3 читал(а), смотрю 4 работает,
работал 5 бегал, бегает 6 курила, курит

Exercise 6

1 Он родился в Грузии. В детстве он жил в Грузии. Он учился в семинарии. Он работал в Москве в Кремле. Он умер на своей даче, под Москвой. (Сталин)

2 Он родился в Сибири. В детстве и молодости он жил в Уфе. Он учился в школе Кировского балета в Ленинграде. Он работал во Франции, в Лондоне, в Вене и в США. Он умер в Париже. (Нуриев)

3 Он родился в Ясной Поляне. В детстве он жил в Ясной Поляне и в Москве. Он учился в Казанском университете. Он работал в Москве и в Ясной Поляне, где он писал романы. Он умер на станции Астапово. (Толстой)

4 Он родился на Украине. В детстве он жил на Украине. Он учился в медицинском институте в Ростове-на-Дону. Он работал в Ростове-на-Дону, в Архангельске и теперь работает в научно-техническом комплексе «Микрохирургия глаза». (Фёдоров)

5 Она родилась в Одессе. В детстве она жила в Царском Селе. Она училась в Царском Селе и в Киеве. Она работала в Санкт-Петербурге, где она писала стихи. Она умерла в Москве. (Ахматова)

6 Она родилась в Ярославле. В детстве она жила в Ярославле. Она училась в школе космонавтов. (Терешкова)

Exercise 7 *Verbs 1*: 1 — Боря! — Что? — Ты слышал? Вера сдала экзамен. 2 — А вы свою книгу нашли? — Какую книгу? Ах да! Нашёл. Она так и лежала на столе. 3 — Извините, я, кажется, занял(а) ваше место. 4 — Виктор Владимирович, что-то я вас давно не видел. Вы уезжали куда-нибудь? — Нет, Пётр Павлович, я болел. 5 Катя, ты уже здесь! Я не опоздала? — Нет, не опоздала. Да и я только что пришла.
Verbs 2: 1 — Почему вы не сделали домашнее задание? — Я был занят вчера вечером. Я поздно вернулся из центра. 2 — Вы читали эту книгу? — Да, читал, но очень давно. 3 — Николай! — Да? — Катя тебе передала вчера письмо? — Да, спасибо, передала.

Exercise 8 *Section 1*: 1-в, 2-а, 3-д, 4-б, 5-е, 6-г; *Section 2*: 1-б, 2-д, 3-а, 4-г, 5-е, 6-в; *Section 3*: 1-г, 2-е, 3-д, 4-в, 5-б, 6-а

Unit 13

Exercise 1 1 Костю 2 Костя 3 Александр 4 Иру 5 Лилю 6 Пугачёву 7 Коля 8 Олег 9 Юру 10 Ивана 11 Серёжу 12 Таню

Exercise 2 1 писателей, ужин 2 Мишу, Новый год 3 Олега, музыку 4 преподавателя, спектакль 5 Искандера, оперу 6 ректора, Москву

Exercise 3 1 Борис, Боря 2 Владимир, Володя 3 Александр, Саша 4 Сергея, Серёжу 5 Николая, Колю 6 Дмитрий, Дима 7 Ивана, Ваню 8 Константина, Костю 9 Михаила, Мишу 10 Григория, Гришу

Exercise 4 1 Студенты слушают профессора/профессоров. 2 Профессор учит студента/студентов. 3 Завод приглашает на работу инженера/инженеров. 4 Больной ждёт врача/врачей. 5 В театре слушают певицу/певиц. 6 В цирке смотрят акробата/акробатов. 7 В Думе слушают депутата/депутатов.

Exercise 5 1 Врач посетил пациента/Врача посетил пациент. 2 Мы посетили больного друга в больнице. 3 Туристы посетили дом-музей Пушкина. 4 Я посетил/а министра в его кабинете. 5 Наш город посетила иностранная делегация. 6 В Санкт-Петербурге иностранные гости посетили Эрмитаж.

Exercise 6 1 Кого 2 Кто 3 Кто 4 Кого 5 Кого 6 Кого 7 Кто 8 Кого 9 Кто 10 Кого

Exercise 7 1-б, 2-д, 3-г, 4-а, 5-в

Exercise 8 1 никого 2 Никого 3 Никто 4 никого 5 никто 6 Никто 7 Никого

Unit 14

Exercise 1 1 транспорта 2 года 3 Москвы 4 сестры, брата 5 почты 6 магазина 7 мебели 8 государства 9 трактора 10 спорта 11 отца, матери 12 слуха

Exercise 2 1 Он из Соединённых Штатов. 2 Я из Ирландии. 3 Я из Англии. 4 Она из Санкт-Петербурга. 5 Они из Нью-Йорка. 6 Она из Новой Зеландии. 7 Он из Пакистана. 8 Он из Дели. 9 Она из Алматы. 10 Он из Баку. 11 Она из Москвы. 12 Он из Вашингтона.

Exercise 3 1 России 2 говядины 3 шёлка 4 помидоров 5 мрамора 6 газеты 7 семьи

Exercise 4 1 тротуар 2 вокзал 3 гараж 4 магазин 5 каток 6 санаторий 7 бассейн 8 телевизор 9 отпуск 10 ваза

Exercise 5 1 сигареты 2 врага 3 квартиры 4 боли 5 брата

Exercise 6 1 имени Горького 2 моего детства 3 испанской столицы 4 новой подруги 5 нового романа 6 хорошей семьи 7 нового редактора

Unit 15

Exercise 1 1 До вечера. 2 До воскресенья. 3 До встречи. 4 До завтра. 5 До осени. 6 До праздника. 7 До скорой встречи. 8 До скорого свидания. 9 До следующего лета. 10 До субботы. 11 До четверга.

Exercise 2 1 всего доброго 2 всего наилучшего 3 всего самого лучшего 4 всего хорошего 5 приятного аппетита 6 приятного сна 7 счастливого пути 8 счастья 9 успехов в учёбе 10 хорошего отдыха

Exercise 3 a-7 от 10, b-6, c-9, d-5, e-7

Exercise 4 1-б, 2-в, 3-д, 4-е, 5-а, 6-г

Exercise 5 1 Ни пуха ни пера! 2 Ну, поправляйся! 3 Счастливого пути! 4 Приятного аппетита! 5 Спокойной ночи. 6 Желаю удачи! 7 Желаю вам хорошо отдохнуть!

Unit 16

Exercise 1   1 У астронома есть телескоп. 2 У виолончелиста есть виолончель. 3 У дирижёра есть палочка. 4 У народного музыканта есть балалайка. 5 У певицы есть гитара. 6 У пианиста есть рояль. 7 У теннисиста есть ракетка. 8 У ученика есть тетрадь. 9 У фотографа есть фотоаппарат. 10 У царя есть дворец. 11 У шофёра есть машина.

Exercise 2   1 вас 2 неё (Марии) 3 нас 4 него 5 неё 6 них 7 него (Павла) 8 них (родителей)

Exercise 3   1-г, 2-а, 3-ж, 4-е, 5-б, 6-д, 7-в

Exercise 4   1-г, 2-б, 3-а, 4-д, 5-в

Exercise 5   1-в, 2-б, 3-а, 4-д, 5-г

Exercise 6   1 был, отпуск 2 был, день 3 был, сын 4 была, дача 5 была, лодка 6 было, лицо 7 была, лекция 8 была, квартира 9 были, дворцы 10 была, температура

Exercise 7   1 Раньше у меня были «Жигули», а теперь у меня «Волга». 2 Раньше у Иры была машина, а теперь у неё велосипед. 3 Раньше у них были немецкие студенты, а теперь у них — корейские. 4 Раньше в библиотеке у нас были все газеты и журналы, а теперь у нас только журналы. 5 Раньше у Алексея был огромный коттедж под Москвой, а теперь у него квартира в Кузьминках. 6 Раньше у нас в городе был техникум, а теперь у нас техникум и институт.

Exercise 8   1 Вчера у студентов была лекция, а завтра у них будет семинар. 2 Вчера у них было красное вино, а завтра у них будет белое. 3 Вчера дома у Саши были хорошие друзья, а завтра у него будут родители жены. 4 Вчера у Наташи был письменный экзамен, а завтра у неё будет устный.

Exercise 9   1 задания 2 машина 3 голова 4 волосы, глаза 5 вопрос 6 расписание, Математика 7 характер

Unit 17

Exercise 1   1 зала периодики 2 телефона 3 реки 4 статей 5 билетов 6 импортных товаров 7 спортивной площадки 8 лабораторий

Exercise 2   1 англо-русского словаря 2 машины 3 своей квартиры 4 часов 5 денег 6 красного карандаша

Exercise 3   1-и В булочной нет хлеба. 2-г В галантерее нет красных лент. 3-д. В Детском мире нет кукол. 4-ж В Доме книг нет полного собрания сочинений Толстого. 5-в В кондитерской нет конфет. 6-а В Мелодии нет дисков с музыкой Окуджавы. 7-е В Русском сувенире нет матрёшек. 8-з На рынке нет сметаны. 9-к В хозяйственном магазине нет чайников. 10-б В художественном магазине нет картин современных художников.

Exercise 4   1 У нас нет денег. У нас не было денег. 2 У него нет работы.

У него не было работы. 3 У меня нет машины. У меня не было машины.
4 У Ольги нет квартиры. У Ольги не было квартиры. 5 У нас в городе
нет больницы. У нас в городе не было больницы. 6 У нас в группе нет
русских. У нас в группе не было русских. 7 У меня нет возможности
встретиться с вами. У меня не было возможности встретиться с вами.
8 У Володи нет собаки. У Володи не было собаки.

Exercise 5   1 Нет, вчера не было собрания. 2 Нет, сегодня не будет
лекции. 3 Нет, учителя не было в классе, когда мы об этом говорили.
4 Нет, моей сестры не было в Москве. 5 Нет, отца не было дома, когда
мы вернулись.

Exercise 6   1 Нет, её не было. 2 Нет, их не было. 3 Нет, его не было.
4 Нет, его не было. 5 Нет, их не было. 6 Нет, её не было.

Exercise 7   тебя, дома, ты, В, кого, У

Exercise 8   1 Завтра у меня не будет машины. 2 Завтра у нас не будет
билетов. 3 В будущем году у нас в институте не будет иностранных
студентов. 4 В четверг у меня не будет возможности поговорить с ним.
5 В будущем году у них не будет русских гостей. 6 В июне у меня не
будет комнаты в общежитии.

Unit 18

Exercise 1   1-г, 2-е, 3-б, 4-а, 5-в, 6-д

Exercise 2   1 был ребёнок 2 был больной друг 3 были экзамены 4 было
интервью 5 была собака 6 была больная кошка 7 был вопрос 8 был
насморк

Exercise 3   1-е, 2-б, 3-г, 4-д, 5-а, 6-ж, 7-в

Exercise 4   1 Карл Маркс 2 Владимир Ильич Ленин (Ульянов) 3 Антон
Павлович Чехов 4 Виссарион Григорьевич Белинский 5 Анна
Андреевна Ахматова 6 Александр Сергеевич Пушкин

Exercise 5   1 Константина Фёдоровича нет. Будет после обеда.
2 Светланы Александровны нет. Будет попозже 3 Киры Евгеньевны
нет. Сегодня не будет. 4 Алексея нет. Будет через час.

Exercise 6   1-е, 2-д, 3-б, 4-в, 5-г, 6-а

Exercise 7   1-и, 2-ж, 3-д, 4-к, 5-е, 6-б, 7-г, 8-в, 9-а

Unit 19

Exercise 1   1 Она стала балериной. 2 Он стал гимнастом. 3 Она стала
поэтом. 4 Она стала певицей. 5 Он стал космонавтом. 6 Она стала
космонавтом. 7 Он стал политиком. 8 Он стал писателем. 9 Он стал
шахматистом. 10 Он стал футболистом. 11 Он стал президентом. 12 Он
стал художником.

Exercise 2   1 химиком 2 библиотекарем 3 экскурсоводом 4 шофёром
5 ветеринаром 6 кассиром 7 преподавателем английского языка

8 стюардессой 9 инженером-программистом 10 художником
11 фармацевтом 12 парикмахером

Exercise 3 1 журналистом 2 врачом 3 пилотом 4 официантом
5 режиссёром 6 строителем 7 учителем 8 библиотекарем
9 преподавателем

Exercise 4 1 главным инженером 2 лучшей подругой 3 президентом
России 4 известной балериной 5 блестящим футболистом 6 английским
переводчиком

Exercise 5 1-д, 2-а, 3-е, 4-б, 5-в, 6-г

Unit 20

Exercise 1 1 интересуетесь 2 чувствуешь 3 рисует 4 целует 5 торгуем
6 участвуют 7 празднуют 8 пользуются 9 интересуется 10 интересуюсь

Exercise 2 1 Целую 2 празднуют 3 торгуют 4 пользуетесь 5 заведует
6 интересуются 7 рисует 8 чувствую 9 участвуют

Exercise 3 1 химией 2 физикой 3 математикой 4 книгами 5 языками
6 политикой 7 новостями 8 компьютерами 9 музыкой 10 литературой
11 театром 12 памятниками 13 футболом

Exercise 4 1 Мы интересуемся музыкой. 2 Они интересуются
футболом. 3 Лена интересуется волейболом. 4 Я интересуюсь Литвой.
5 Наташа интересуется литературой. 6 Володя интересуется физикой.

Exercise 5 1 Я занимаюсь теннисом. 2 Ольга занимается балетом.
3 Мы занимаемся спортом. 4 Они занимаются театром. 5 Миша
занимается бизнесом. 6 Он занимается шахматами. 7 Володя
занимается английским языком. 8 Я занимаюсь русским языком.

Exercise 6 1-г, 2-е, 3-б, 4-д, 5-в, 6-а

Exercise 7 1-д, 2-а, 3-е, 4-б, 5-в, 6-г

Unit 21

Exercise 1 1 Бичевская играет на гитаре. 2 Рихтер играет на рояле.
3 Народный музыкант играет на баяне. 4 Курникова играет в теннис.
5 Каспаров играет в шахматы. 6 Рац играет в футбол.

Exercise 2 1-б: Шахматист играет в шахматы. 2-г: Народный музыкант
играет на балалайке. 3-а: Артист играет в пьесе. 4-е: Футболист играет в
команде. 5-в: Классический музыкант играет на рояле. 6-д: Дети
играют в куклы.

Exercise 3 1 Раньше она играла на баяне, а теперь играет на балалайке.
2 Раньше он играл в карты, а теперь играет в шахматы. 3 Раньше мы
играли в теннис, а теперь играем в футбол. 4 Раньше он играл в
народном ансамбле, а теперь играет в рок-группе. 5 Раньше дети играли
в солдаты, а теперь играют в мяч. 6 Раньше я играл(а) на скрипке, а
теперь играю на рояле.

Exercise 4 1 глазами 2 капустой 3 дождём 4 молоком 5 волосами 6 сливками 7 колоннами 8 образованием 9 комментариями 10 названием

Exercise 5 1 Отец с дочерью. 2 Мать с сыном. 3 Дама с собачкой. 4 Борис с друзьями. 5 Мы с ними. 6 Пётр с ней. 7 Мы с Иваном. 8 Она с тобой. 9 Мы с тренером. 10 Мы с преподавателем.

Unit 22

Exercise 1 1 где 2 когда 3 как 4 каком 5 чём 6 кто 7 что

Exercise 2 1 Кого 2 Кому 3 Кто 4 Кто

Exercise 3 1 Профессор читает лекции по русской истории. 2 Вера сдаёт экзамен по физике. 3 Лена читает учебник по русскому языку. 4 Сергей Петрович специалист по математике. 5 Пётр ходит на занятия по английскому языку. 6 Французские студенты слушают лекции по русской литературе.

Exercise 4 1 задачу 2 контрольную работу 3 лабораторную работу 4 экзамене 5 соревнования 6 учебник 7 лекцию 8 Зачёт

Exercise 5 1 профессии 2 школе 3 истории 4 фамилии 5 национальности 6 вагону 7 математике 8 языку

Unit 23

Exercise 1 1 Я ходил(а) на стадион. 2 Он ходил в кино. 3 Мы ходили в кафе. 4 Она ходила на выставку. 5 Они ходили в институт. 6 Я ходил(а) в город.

Exercise 2 1 Ленинградском вокзале 2 кинотеатре «Россия» 3 Дворце спорта 4 дискотеке 5 Московской консерватории 6 Большом театре 7 Центральном стадионе 8 Третьяковской галерее 9 Доме Дружбы

Exercise 3

1 Вчера Катя ходила на Ленинградский вокзал встречать друзей.

2 Во вторник мы ходили в кинотеатр «Россия» смотреть новый фильм.

3 В прошлую субботу они ходили во Дворец спорта смотреть гимнастику.

4 Студенты ходили на дискотеку отмечать конец учебного года.

5 Туристы ходили в Московскую консерваторию слушать романсы Чайковского.

6 Она вчера ходила в Большой театр смотреть премьеру балета «Лебединое озеро».

7 Мой брат ходил вчера на Центральный стадион на футбольный матч.

8 Туристы ходили в Третьяковскую галарею посещать выставку картин Репина.

9 Моя подруга ходила в Дом Дружбы встречаться с писателем.

Exercise 4   1 горы 2 лес 3 курорт 4 дачу 5 Чёрное море 6 Домский собор 7 границу 8 Камчатку 9 Крым 10 озеро Байкал

Exercise 5   1 ходил(а), ходил(а) 2 ходить, ходишь 3 ходил(-а), Ходил(-а) 4 ходите, хожу 5 ходил(а), ходил(а), Ходил(а), ходишь, ходить 6 ходила, ходить, хожу

Exercise 6   1 — Куда она собирается? — В оперу. — На что? — На «Евгения Онегина». 2 — Куда вы собираетесь? — В кино. — На что? — На этот новый английский фильм. 3 — Куда ты собираешься? — В гости. — К кому? — К Саше. 4 — Куда он собирается? — В музей. — На что? — На выставку французских импрессионистов.

Exercise 7   1 почту 2 концертный зал 3 театр 4 дискотеку 5 институт 6 вокзал 7 дачу 8 лес 9 море 10 профессору 11 родителям 12 врачу

Unit 24

Exercise 1   1 Пианист занимается музыкой в консерватории. 2 Химик занимается химией в лаборатории. 3 Художник занимается рисованием в мастерской. 4 Гимнаст занимается гимнастикой в спортзале. 5 Аспирант занимается научной работой в читальном зале. 6 Певица занимается пением в хоре. 7 Футболист занимается футболом на стадионе. 8 Балерина занимается танцами в балетной школе.

Exercise 2   1-е, 2-г, 3-д, 4-б, 5-и, 6-в, 7-ж, 8-з, 9-к, 10-а

Exercise 3   1 Канчельскис занимается футболом. 2 Искандер занимается литературой. 3 Плисецкая занимается балетом. 4 Попов занимается плаванием. 5 Каспаров занимается шахматами. 6 Менделеев занимался химией. 7 Ландау занимался физикой. 8 Курникова занимается теннисом.

Exercise 4   Я родился в Смоленске. Ещё в школе я начал интересоваться театром. В свободное время играл в пьесах. После школы поступил в РАТИс. Пять лет там учился. После окончания института, поступил во МХАТ. Теперь — я артист, всё время занимаюсь театром. Живу в Москве.

Exercise 5   1 Раньше я ходил(а) в кино, а теперь хожу в театр. 2 Раньше он играл в футбол, а теперь катается на коньках. 3 Раньше она играла на рояле, а теперь играет в карты. 4 Раньше Саша ходил в библиотеку, а теперь ходит в бассейн. 5 Раньше Нонна каталась на лыжах, а теперь играет в теннис. 6 Раньше он ходил в школу, а теперь ходит в университет.

Exercise 6   1 Да, люблю кататься на лыжах и часто хожу в лес. 2 Да, люблю играть в волейбол и часто хожу во Дворец спорта. 3 Да, люблю кататься на коньках и часто хожу в спортивную площадь. 4 Да, люблю играть в футбол и часто хожу на стадион. 5 Да, люблю играть в шахматы и часто хожу в клуб. 6 Да, люблю играть в теннис и часто хожу в Лужники.

Exercise 7 1-к, 2-е, 3-л, 4-б, 5-м, 6-д, 7-г, 8-а, 9-ж, 10-з, 11-в, 12-и
Exercise 8 1 на скрипке, 2 в Париж, 3 по химии, 4 в России, 5 в карты; на даче, 6 по работе.

Unit 25

Exercise 1 1 О чём была книга? О любви. 2 О ком была статья? О Ельцине. 3 О чём была передача? О Кремле. 4 О чём были новости? О России. 5 О ком был роман? О Ленине. 6 О чём был фильм? О войне.
Exercise 2 1 Дети рассказывают о летних каникулах. 2 Новые русские говорят о деньгах. 3 Журналист пишет о женщинах в России. 4 Певица поёт о бульварах Москвы. 5 Бедные думают о богатых. 6 Родители думают о детях.
Exercise 3 1 встрече 2 закрытии 3 теме 4 визите 5 открытии 6 премьере 7 погоде на сегодня. 8 выходе 9 нашей поездке
Exercise 4 1 твоём приезде 2 результатах 3 поездке 4 экскурсии 5 новом расписании
Exercise 5 1 жизни в русской провинции. 2 современной музыке. 3 отечественной войне с Наполеоном. 4 броненосце «Потёмкин». 5 экономике современной России. 6 природе и любви. 7 романах Толстого.

Unit 26

Exercise 1 1 больному 2 внукам 3 ученикам. 4 туристам 5 сыну 6 библиотекарю 7 знакомым 8 учителям 9 контролёру 10 инспектору ГАИ
Exercise 2 1 обещала 2 посоветовал 3 сообщил 4 разрешала 5 объяснил 6 передал 7 рассказывал
Exercise 3 1 подарила 2 дали 3 передал 4 принёс 5 писали 6 вернула 7 показывал
Exercise 4 1 Дедушка подарил внуку игрушку. 2 Сара передала учительнице упражнения. 3 Дети купили родителям подарки. 4 Я написал(а) матери письмо. 5 Она показала нам новую квартиру. 6 Они вернули им бутылки. 7 Почтальон принёс нам письма.
Exercise 5 1-г, 2-е, 3-а, 4-б, 5-в, 6-д

Unit 27

Exercise 1 1 Мне нравится эта девушка. 2 Ей нравится эта картина. 3 Ему нравится этот фильм. 4 Нам нравятся её подруги. 5 Вам нравятся эти подарки? 6 Тебе нравится эта дача?
Exercise 2 1 Туристу 2 Гимнасту 3 Волейболисту 4 Музыканту 5 Футболисту 6 Хоккеисту 7 Пианисту 8 Певцу 9 Студенту 10 Учёному

Exercise 3 1-а: Балерине нравится балет «Спящая красавица». 2-е: Детям нравятся конфеты. 3-б: Зрителям на концерте нравится симфония Чайковского. 4-в: Нашему преподавателю по русской литературе нравятся романы Толстого. 5-и: Певице нравятся старые романсы. 6-ж: Пианисту нравятся сонаты Моцарта. 7-к: Зрителям нравится новый фильм. 8-д: Театральным критикам нравится спектакль во МХАТе. 9-г: Туристам нравится экскурсия по городу. 10-з: Футболисту нравится стадион Динамо.

Exercise 4 1 Да, но её понравились больше. 2 Да, но Саратов понравилась больше. 3 Да, но Пастернак нравится больше. 4 Да, но пьеса понравилась больше. 5 Да, но «Известия» нравятся больше. 6 Да, но ездить поездом нравится больше.

Exercise 5 1 Тебе понравился роман Маканина? Да, очень понравился. 2 Ей понравился новый фильм Михалкова? Нет, совсем не понравился. 3 Детям понравился Петербург? Да, очень понравился. 4 Публике понравились картины? Нет, совсем не понравились. 5 Туристам понравилась гостиница? Нет, совсем не понравилась. 6 Ей понравилась Греция? Да, очень понравилась.

Exercise 6

1   Вчера я ходил(а) в Московскую консерваторию на Шестую симфонию Чайковского. Тебе понравилась симфония? Да, очень понравилась.

2   Вчера я ходил(а) в Большой театр на оперу Чайковского «Евгений Онегин». Тебе понравилась опера? Нет, совсем не понравилась.

3   Вчера я ходил(а) в Третьяковскую галарею на выставку картин Репина. Тебе понравилась выставка? Да, очень понравилась.

4   Вчера я ходил(а) в Малый театр на драму Островского «Гроза». Тебе понравилась драма? Да, очень понравилась.

5   Вчера я ходил(а) в МГУ на лекцию об истории Москвы. Тебе понравилась лекция? Нет, совсем не понравилась.

6   Вчера я ходил(а) на Центральный стадион на футбольный матч. Тебе понравился матч? Нет, совсем не понравился.

7   Вчера я ходил(а) в МХАТ на пьесу Чехова «Дядя Ваня». Тебе понравилась пьеса? Да, очень понравилась.

Unit 28

Exercise 1 1-д: Как вы думаете, Чехов талантливый писатель? По-моему, да. 2-ж: Как вы думаете, Ахматова талантливый поэт? По-моему, да. 3-и: Как вы думаете, Шагал талантливый художник? По-моему, да. 4-е: Как вы думаете, Горбачёв талантливый политик? По-моему, да. 5-з: Как вы думаете, «Анна Каренина» талантливый роман? По-моему, да. 6-г: Как вы думаете, Владимир Высоцкий талантливый певец? По-моему, да. 7-в: Как вы думаете, Станислав

Рихтер талантливый музыкант? По-моему, да. 8-а: Как вы думаете, Олег Меньшиков талантливый артист? По-моему, да. 9-б: Как вы думаете, Глинка талантливый композитор? По-моему, да.

Exercise 2   1-б, 2-е, 3-а, 4-д, 5-в, 6-г

Exercise 3   1 — Ты читал(а) новый роман Аксёнова? — Читал(а). — А как он тебе? — По-моему, он очень хороший. 2 — Ты ходил(а) на новую выставку Глазунова? — Ходил(а). — А как она тебе? — По-моему, она очень интересная. 3 — Ты смотрел(а) новую пьесу Петрушевской? — Смотрел(а). — А как она тебе? — По-моему, она совсем неинтересная. 4 — Ты видел(а) новую гостиницу на Невском? — Видел(а). — А как она тебе? — По-моему, она красивая. 5 — Ты был(а) в новом магазине на Арбате? — Был(а). — А как он тебе? — По-моему, он дорогой. 6 — Ты ужинал(а) в новом ресторане? — Ужинал(а). — А как он тебе? — По-моему, он неплохой.

Exercise 4   1 как вам, По-моему 2 понравился 3 кажется 4 думаю 5 считаешь 6 прав 7 согласна

Exercise 5   1 г, в, б, а, д; 2 г, б, а, д, в; 3 в, б а, г

Unit 29

Exercise 1   1 для, из 2 для, от 3 из 4 с 5 с 6 для 7 в 8 для 9 по

Exercise 2   1 из 2 с 3 для 4 с 5 из 6 с 7 в 8 из 9 в 10 для 11 без

Exercise 3   1 ваза из стекла 2 медаль из золота 3 издание в пяти томах 4 мужчина с серыми глазами 5 шкаф для книг 6 женщина со светлыми волосами 7 пират с одной ногой 8 семья без детей 9 спортсмены из Болгарии 10 литература для детей 11 квартира в две комнаты 12 шуба из меха 13 журналист из Японии 14 пассажир без билета 15 фильм в трёх сериях 16 напиток без алкоголя

Exercise 4   1-д, 2-г, 3-а, 4-е, 5-б, 6-в

Exercise 5   1-ж: Бахтин писал о поэтике Достоевского. 2-в: Лотман писал о ежедневной жизни декабристов. 3-и: С. Булгаков писал о православии. 4-а: Успенский писал об иконах. 5-е: Шкловский писал о теории прозы. 6-б: Якобсон писал о лингвистике. 7-з: Волкогонов писал о советской истории. 8-г: Павлов писал о психологии. 9-д: Гайдар писал об экономике.

Exercise 6   1 В «Вопросах экономики». 2 В «Вопросах философии». 3 В «Учительской газете». 4 В «Вопросах языкознания». 5 В «Медицинской газете». 6 В «Экране». 7 В «Работнице». 8 В «Советском спорте». 9 В «Итогах».

Exercise 7   1 Нам, понравились 2 им, новую квартиру 3 Тебе, понравился 4 Кому, мою книгу 5 тебе, понравилась 6 ей, красивую картину

Exercise 8   1 Кому 2 Кого 3 Кем 4 От кого 5 О ком 6 Кто

Unit 30

Exercise 1 1 каналов 2 цветов 3 билетов 4 картин 5 сестёр 6 пассажиров 7 залов 8 романов 9 денег 10 студентов 11 вопросов 12 музыкантов 13 фильмов

Exercise 2 *Masculine*: брат, брата, братьев; студент, студента, студентов; билет, билета, билетов; журнал, журнала, журналов; час, часа, часов; месяц, месяца, месяцев; музей, музея, музеев; трамвай, трамвая, трамваев; преподаватель, преподавателя, преподавателей; рубль, рубля, рублей; день, дня, дней; словарь, словаря, словарей; *Feminine*: сестра, сестры, сестёр; комната, комнаты, комнат; газета, газеты, газет; страна, страны, стран; минута, минуты, минут; подруга, подруги, подруг; студентка, студентки, студенток; книга, книги, книг; бутылка, бутылки, бутылок; тетрадь, тетради, тетрадей; лекция, лекции, лекций; экскурсия, экскурсии, экскурсий; *Neuter*: окно, окна, окон; письмо, письма, писем; лето, лета, лет; здание, здания, зданий; занятие, занятия, занятий; упражнение, упражнения, упражнений

Exercise 3 1 — Сколько времени? — Сейчас шесть часов пятнадцать минут. 2 — Сколько лет ты живёшь тут? — Я живу здесь восемь лет. 3 — Сколько у тебя машин? — У меня одна машина. 4 — Сколько у Сергея братьев? — У него три брата. 5 — Когда ты придёшь? — В одиннадцать часов две минуты. 6 — Сколько месяцев ты работаешь в Москве? — Я работаю там три месяца.

Exercise 4 1 Сколько у вас сестёр? 2 Сколько у него братьев? 3 Сколько у неё сыновей? 4 Сколько у них дочерей? 5 Сколько у тебя друзей? 6 Сколько у него денег? 7 Сколько часов? 8 У меня одна сестра. 9 У неё две сестры. 10 У него пять сестёр. 11 У Саши два брата. 12 У Иры шесть братьев. 13 У Володи много денег. 14 Сейчас пять часов. 15 Сколько братьев у вас? 16 Сколько денег у Ирины? 17 Сейчас в Москве шесть часов. 18 Сколько времени ты был в Петербурге? 19 В Дублине три университета. 20 Сколько в Москве университетов?

Exercise 5 1 Сколько аэропортов в Москве? (4 аэропорта) 2 Сколько видов транспорта в Москве? (7 видов) 3 Сколько вокзалов в Москве? (9 вокзалов) 4 Сколько гостиниц в Москве? (55 гостиниц) 5 Сколько независимых государств в СНГ? (12 государств) 6 Сколько лабораторий в МГУ? (360 лабораторий) 7 Сколько линий метро в Москве? (10 линий) 8 Сколько месяцев продолжаются школьные каникулы? (2–3 месяца) 9 Сколько музеев в Москве? (67 музеев) 10 Сколько преподавателей работает в МГУ? (8 тысяч преподавателей) 11 Сколько рек в Москве? (2 реки) 12 Сколько было республик в СССР? (15 республик) 13 Сколько соборов в Кремле? (4 собора) 14 Сколько станций на кольцевой линии Московского метро? (12 станций) 15 Сколько студентов учится в МГУ? (28 тысяч студентов) 16 Сколько театров в Москве? (37 театров) 17 Сколько факультетов в МГУ? (17 факультетов) 18 Сколько часов длится рабочая неделя? (40 часов) 19 Сколько человек живёт в Москве? (10 миллионов человек) 20 Сколько средних школ в Москве? (1289 школ)

Exercise 6 1 мебели 2 человек 3 нового и интересного 4 туристов 5 рабочих 6 пожилых людей 7 друзей 8 свободного времени 9 депутатов 10 лет 11 книг 12 студентов

Unit 31

Exercise 1 1 года 2 лет 3 лет 4 года 5 год 6 года 7 лет 8 лет 9 года 10 лет

Exercise 2 1 Ему тридцать два года. 2 Ей двадцать пять лет. 3 Старику восемьдесят восемь лет. 4 Старшей сестре пятьдесят лет. 5 Сыну семь лет. 6 Бабушке семьдесят один год. 7 Девочке четыре года. 8 Ребёнку один год. 9 Михаилу Кирилловичу шестьдесят пять лет. 10 Алле Павловне шестьдесят четыре года. 11 Олегу двадцать три года. 12 Соне сорок четыре года.

Exercise 3 1 Мне тридцать семь лет, а моей сестре тридцать четыре года. 2 Лидии Фёдоровне пятьдесят лет, а Николаю Ивановичу сорок восемь лет. 3 Соне двадцать два года, а Коле двадцать один год. 4 Саше тридцать девять лет, а Вере двадцать семь лет. 5 Ане пятнадцать лет, а Маше тринадцать лет. 6 Лёне семнадцать лет, а Вике восемнадцать лет. 7 Алисе шесть лет, а Паше четыре года.

Exercise 4 1 Сейчас ему шестьдесят три года. 2 Сейчас ему двадцать один год. 3 Сейчас ей девятнадцать лет. 4 Сейчас мне тридцать девять лет. 5 Сейчас ей сорок два года. 6 Сейчас ей двадцать лет. 7 Сейчас ей сорок лет.

Exercise 5 1-б, 2-д, 3-г, 4-в, 5-е, 6-а

Unit 32

Exercise 1 1 первую 2 первый 3 первом 4 первый 5 первое 6 Первая 7 Первый 8 первую 9 первом

Exercise 2 1 место 2 номере 3 премию 4 снег 5 ряд 6 курсе 7 этаже 8 автобусе 9 любовь 10 класс

Exercise 3 1-е, 2-в, 3-а, 4-г, 5-б, 6-д

Exercise 4 1 Гаршин родился в тысяча восемьсот пятьдесят пятом году. 2 Гоголь родился в тысяча восемьсот девятом году. 3 Достоевский родился в тысяча восемьсот двадцать первом году. 4 Лермонтов родился в тысяча восемьсот четырнадцатом году. 5 Лесков родился в тысяча восемьсот тридцать первом году. 6 Некрасов родился в тысяча восемьсот двадцать первом году. 7 Пушкин родился в тысяча семьсот девяносто девятом году. 8 Толстой родился в тысяча восемьсот двадцать восьмом году. 9 Тургенев родился в тысяча восемьсот восемнадцатом году. 10 Чехов родился в тысяча восемьсот шестидесятом году.

Exercise 5 1 В январе тысяча восемьсот восемьдесят первого года умер писатель Достоевский. 2 В январе тысяча восемьсот восемьдесят первого года родилась артистка балета Павлова. 3 В феврале 1881 года была премьера комедии Фонвизина «Недоросль» в Театре близ памятника Пушкину. 4 В марте 1881 года убили царя Александра второго. 5 В марте 1881 года умер композитор Мусоргский. 6 В апреле 1881 года повесили революционеров-террористов, которые убили царя Александра второго. 7 В июне 1881 года опубликовали рассказ Чехова «Петров день» в журнале «Будильник». 8 В июле 1881 года художник Васнецов начал работать над картиной «Богатыри». 9 В октябре 1881 года опубликовали рассказ Лескова «Левша» в журнале «Русь». 10 В декабре 1881 года была премьера комедии Островского «Правда — хорошо, а счастье лучше» в Театре близ памятника Пушкину.

Exercise 6

1 А. С. Пушкин родился шестого июня тысяча семьсот девяносто девятого года. В тысяча восемьсот тридцатом году он написал «Евгения Онегина». Десятого февраля тысяча восемьсот тридцать седьмого года он умер. Ему было тридцать восемь лет.

2 Ф. М. Достоевский родился одиннадцатого ноября тысяча восемьсот двадцать первого года. В тысяча восемьсот шестьдесят шестом году он написал «Преступление и наказание». В тысяча восемьсот восемьдесят первом году он умер. Ему было пятьдесят девять лет.

3 М. Ю. Лермонтов родился пятнадцатого октября тысяча восемьсот четырнадцатого года. В тысяча восемьсот сороковом году он написал «Героя нашего времени». В тысяча восемьсот сорок первом году он умер. Ему было двадцать шесть лет.

Exercise 7 1 в пятницу пятого мая 2 во вторник второго мая 3 в воскресенье седьмого мая 4 в понедельник первого мая 5 в среду третьего мая 6 в субботу шестого мая 7 в четверг четвёртого мая

Unit 33

Exercise 1 *Beginning, State, End*:1 родиться, жить, умереть 2 пойти/поступить, ходить в школу, окончить 3 поступить, учиться в университете, окончить 4 поступить, работать, уйти на пенсию 5 выйти замуж, быть замужем, разойтись 6 пожениться, быть женат(ым), разойтись 7 познакомиться, быть знакомым, поссориться

Exercise 2

1 Двадцать один год прожил(а) в Смоленске, а потом переехал(а) в Москву.

2 Восемнадцать лет прожил(а) в деревне, а потом переехал(а) в город.

3 Три года прожил(а) в Саратове, а потом переехал(а) в Самару.

4   Четыре года прожил(а) в двухкомнатной квартире, а потом переехал(а) в трёхкомнатную.

5   Пять лет прожил/а в общежитии, а потом переехал(а) в новую квартиру.

6   Год прожил(а) в Англии, а потом переехал(а) в Ирландию.

Exercise 3   1 родилась 2 пошла 3 поступила 4 окончила 5 стала 6 переехала 7 вышла 8 разошлись 9 ушла 10 умер

Exercise 4   1 окончила 2 поступала 3 поступил 4 получила 5 умирал 6 умерла 7 занималась 8 поступил 9 начинала 10 стал

Exercise 5   **Как долго?:** 1 учился (училась) 2 жили 3 служил(а) 4 работал(а) 5 занимался (занималась) 6 писал(а)

Как часто?: 1 уезжали 2 участвовал 3 бродили 4 ходили 5 занималась 6 сидел, работал

Exercise 6   1 В мае прошлого года 2 Через три года 3 давно 4 В четверг 5 неделю. 6 наконец

Exercise 7

1   Анна Петровна десять лет работала старшим преподавателем на кафедре немецкого языка, а потом стала профессором.

2   Он пятнадцать лет работал корреспондентом в «Известиях», а потом стал главным редактором.

3   Она десять лет работала врачом в университетской поликлинике, а потом стала главным врачом.

4   Я девять лет работал(а) химиком в институте, а потом стал(а) бизнесменом.

5   Он десять лет работал преподавателем в Московской консерватории, а потом стал дирижёром.

6   Павел Николаевич семь лет работал банкиром, а потом стал директором инвестиционной фирмы.

Unit 34

Exercise 1

1   Анна Константиновна родилась первого мая тысяча девятьсот тридцать третьего года.

2   Лёня родился тринадцатого июля тысяча девятьсот пятьдесят восьмого года.

3   Андрей родился двадцать седьмого марта тысяча девятьсот пятьдесят четвёртого года.

4   Вера родилась пятнадцатого сентября тысяча девятьсот семьдесят второго года.

5   Сара родилась тридцатого октября тысяча девятьсот шестьдесят шестого года.

6   Лёша родился двадцать третьего августа тысяча девятьсот семидесятого года.

7   Андрей Александрович родился пятого декабря тысяча девятьсот пятидесятого года.

8   Гриша Кузнецов родился двенадцатого февраля тысяча девятьсот шестидесятого года.

9   Я родился (родилась) шестого ноября тысяча девятьсот сорок девятого года.

Exercise 2 1 «Нос» был опубликован в 1836 году в «Современнике». 2 «Фаталист» был опубликован в 1839 году в «Отечественных записках». 3 «Детство» было опубликовано в 1852 году в «Современнике». 4 «Отцы и дети» были опубликованы в 1862 году в «Русском вестнике». 5 «Мороз, Красный нос» был опубликован в 1863 году в «Современнике». 6 «Братья Карамазовы» были опубликованы в 1879–80 годах в «Русском вестнике». 7 «Левша» был опубликован в 1881 году в «Руси». 8 «Красный цветок» был опубликован в 1883 году в «Отечественных записках». 9 «Дама с собачкой» была опубликована в 1899 году в «Русской мысли».

Exercise 3 1 «Пиковая дама» — Пушкин 2 «Нос» — Гоголь 3 «Фаталист» — Лермонтов 4 «Детство» — Толстой 5 «Отцы и дети» — Тургенев 6 «Мороз, Красный нос» — Некрасов 7 «Братья Карамазовы» — Достоевский 8 «Левша» — Лесков 9 «Красный цветок» — Гаршин 10 «Дама с собачкой» — Чехов

Exercise 4

1   Второго марта тысяча девятьсот тридцать первого года родился будущий президент Советского Союза, Михаил Сергеевич Горбачёв. В тот же день тысяча восемьсот пятьдесят пятого года умер царь Николай I.

2   Пятого марта тысяча девятьсот пятьдесят третьего года умер известный русский композитор, пианист и дирижёр, Сергей Сергеевич Прокофьев. В том же году, в тот же день, умер и Иосиф Виссарионович Сталин (Джугашвили). Прокофьеву было шестьдесят два года, Сталину — семьдесят четыре года.

3   Девятого марта тысяча девятьсот тридцать четвёртого года родился будущий советский космонавт, Юрий Алексеевич Гагарин. В тот же день тысяча девятьсот шестьдесят первого года, собака по кличке Лайка полетела в космос. Лайка стала первой собакой в космосе.

4   Семнадцатого марта тысяча девятьсот сорок первого года умер известный писатель Исаак Эммануилович Бабель. В тысяча девятьсот девяносто первом году в тот же день в СССР провели референдум о будущем страны.

5   Восемнадцатого марта тысяча пятьсот восемьдесят четвёртого года умер первый русский царь, Иван IV (Грозный). В тот же день в тысяча восемьсот девяносто девятом году родился будущий сталинский палач, Лаврентий Павлович Берия.

6   Двадцать восьмого марта тысяча восемьсот шестьдесят восьмого года родился писатель Максим Горький (Алексей Максимович Пешков). В тысяча восемьсот восемьдесят первом году в тот же день умер композитор Модест Петрович Мусоргский. В тот же день в тысяча девятьсот сорок третьем году умер русский композитор, пианист и дирижёр, Сергей Васильевич Рахманинов. В тысяча девятьсот восемьдесят пятом году умер известный художник Марк Шагал.

Exercise 5   второе, первое, есть, третье, Какое, Давайте, двойной

Exercise 6   Из жизни театра (а): 1 выступил 2 окончила 3 увидели 4 стал 5 встретились 6 приехала 7 вышла 8 создал 9 Родился 10 началась

Из жизни театра (б): 1 Пел 2 знакомила 3 танцевала 4 создавал 5 работали 6 гастролировал 7 играла 8 участвовал 9 снимался 10 начинали

Exercise 7   переехали, переехали, жили, делали, переехала, начала, работала, ушла, получила, платили, занимались, продавали, решила, нашла

Exercise 8   родилась, стал, происходила, умерла, жила, проводила, начала, исполнилось, выпустила, выехала, стал, переехала, вернулась, жила, готовила, покончила

Exercise 9   родился, потерял, умер, вышла, пережила, жил, воспитывался, Учился, начал, стал, поступил, стала, участвовал, перешёл

Exercise 10   родился, поступил, учился, окончил, стал, работал, приняли, поступил, работал, пригласил, занимал, стал, поссорился, потерял, пользовался, вышел, избрали, продолжал, избрали

Exercise 11   1-е, 2-а, 3-б, 4-в, 5-г, 6-д

Unit 35

Exercise 1   1 буду помогать 2 будем отдыхать 3 будет работать 4 будет читать 5 будем переводить 6 будут танцевать 7 будем гулять, будем смотреть

Exercise 2   1 пойти, делать, пойду, написать, пойду, пообедать, вернусь, позаниматься, пойти 2 поехать, поеду, посмотреть, вернусь, работать, начнётся 3 делать, позвонить, пойти, собирать, быть, пойдёшь

Exercise 3   1 купить 2 написать 3 узнать 4 зайти 5 бросить 6 съездить 7 пойти 8 уехать 9 поговорить

Exercise 4

1   — Что ты будешь делать после обеда? — Я собираюсь позаниматься в библиотеке. — А после этого? — После этого, не знаю. А предложения у тебя есть? — В шесть часов мы с Наташей идём в гости к Серёже. Пойдёшь с нами? — Пойду. А что, сегодня

его день рождения, что ли? — Нет, он нас пригласил просто так. — Ну прекрасно. Тогда, до шести. — Договорились. Счастливо!

2 — Что ты будешь делать летом? — Я собираюсь ездить по России. — А в какие места? — В исторические города. — Например? — Ну, например, в Ростов Великий, в Ярославль. — Интересно. А я еду на Канарские острова.

3 — Что ты будешь делать после школы? — Я собираюсь поступать в институт. — В какой? — В Литературный институт. — А где он? В Москве? — Да, прямо в центре. — Желаю удачи. — Спасибо.

4 — Что ты будешь делать с этими деньгами? — Я собираюсь купить себе новую машину. — Какую? — Я думал, может быть, японскую. — Они дорогие? — Не очень. Смотря какую хочешь.

Exercise 5 1 Завтра вечером он пойдёт в гости к подруге. 2 Завтра вечером они пойдут в гости к знакомым. 3 Завтра вечером она пойдёт в гости к другу. 4 Завтра вечером Виктор пойдёт в гости к тебе. 5 Завтра вечером Алиса пойдёт в гости к родителям мужа. 6 Завтра вечером они пойдут в гости к друзьям. 7 Завтра вечером она пойдёт в гости к Наде.

Exercise 6 1 в Ленинград к товарищу 2 к бабушке на ужин 3 к родителям на дачу 4 в больницу к своему студенту 5 в Минск к своей больной бабушке 6 к ним в гости 7 к нам в гости 8 к нам на юг 9 к ней на работу.

Exercise 7 1 купим 2 поговорим 3 погуляем 4 поиграем 5 покатаемся 6 пообедаем 7 поплаваем 8 послушаем 9 посмотрим 10 потанцуем

Exercise 8 1 пойдём 2 навестим 3 купим 4 встанем 5 отдохнём 6 возьмём 7 позвоним, попросим 8 снимем

Unit 36

Exercise 1 1 читали, читал, прочитать 2 смотрела, смотрела, посмотреть 3 ходили, ходили, сходить 4 ездил, ездил, съездить 5 слушали, слушали, послушать

Exercise 2 1 фильм, посмотреть 2 выставку, сходить 3 роман, прочитать 4 новую песню Пугачёвой, послушать 5 письмо домой, написать 6 редактору, позвонить

Exercise 3 1 Читайте (imperfective, action repeated over a period of time) 2 Бросьте (perfective, once-off action) 3 останавливайтесь (imperfective, negated action), проходите (imperfective, once-off action) 4 Посмотрите (perfective, once-off action) 5 гуляйте, катайтесь (both imperfective, both actions repeated over a period of time) 6 Оденьтесь (perfective, once-off action) 7 Принимайте (imperfective, action repeated over a period of time) 8 Прочитайте (perfective, once-off action)

Exercise 4 1-ж, 2-в, 3-б, 4-е, 5-д, 6-а, 7-г, 8-з

Exercise 5 1 Выключи 2 Закрой 3 Прочитай 4 Принесите 5 Заполните

6 Откройте 7 Передай 8 Позвони 9 Покажите 10 Скажите 11 Решите
12 Отдохните

Exercise 6   1 Передай/те   2 Возьми/те   3 Открой/те   4 Закрой/те
5 Поговори/те 6 Позвони/те 7 Расскажи/те 8 Поставь/те 9 Закажи/те
10 Положи/те

Exercise 7   1 забуду 2 закроют 3 отдохнёте 4 откроется 5 объяснит
6 дам 7 начнётся 8 пропишет 9 будет 10 найду

Unit 37

Exercise 1   1 Московский Дом книги, книжный магазин «Дружба».
2 магазин «Подарки». 3 Центральный телеграф 4 кинотеатр «Россия».
5 концертный зал имени Чайковского, Московскую консерваторию.
6 Большой театр, Кремлёвский Дворец съездов. 7 Третьяковскую
галерею, Центральный выставочный зал. 8 Центральный парк
культуры и отдыха имени Горького.

Exercise 2   1 пригласить 2 попросить 3 научиться 4 обсудить 5 видеть
6 пойти 7 купить 8 поговорить 9 поехать 10 поступить 11 работать

Exercise 3   1 Я хочу играть на скрипке. 2 Мы хотим посмотреть
Красную площадь. 3 Мы хотим играть в куклы. 4 Мы хотим загорать
на пляже. 5 Я хочу стать артистом. 6 Я хочу «делать деньги»!

Exercise 4

1   — Хочешь кофе? — С удовольствием. — С сахаром или без? — Без.
2   — Ты с ней знакома? — Нет. — А хочешь с ней познакомиться?
    — Хочу.
3   — Когда вы едете в отпуск? — В августе. — А куда ты хочешь
    поехать? — Я хочу в Париж, а жена туда не хочет. — А куда она
    хочет поехать? — Ей хочется в Малагу!
4   — Вот купил этот голландский сыр на рынке. Хочешь попробовать?
    — Ну давай. — Ну, как он тебе? — Очень вкусный. Хочу ещё!
5   — Миша, вина хочешь? — Какого? Красного или белого? — Белого.
    — Сладкого или сухого? — Сладкого. — Тогда не хочу. — Ну, как
    хочешь.
6   — Ты когда в последний раз был в России? — Очень давно. А
    ужасно хочется туда поехать. — А ты не собираешься туда поехать?
    — Собираюсь. Хочу поехать летом.
7   — Ты в Суздале не был? — Не был, а очень хотелось бы туда
    поехать. — А ты не хочешь поехать туда со мной? — А когда? — Ну,
    положим, в четверг. — Договорились.
8   — А ты не хочешь сказать мне, зачем она приходила? — Нет, не
    хочу. — Ну, ладно, как хочешь.

Exercise 5   варенья,   конфет,   кофейку,   молока,   пива,   пирога,
помидоров, пряников, сыра/сыру, хлеба, чая/чаю, воды

Exercise 6   1 Я проснулась ночью и вдруг мне страшно захотелось пить. 2 Он пришёл домой, увидел её на кухне, и вдруг ему захотелось уйти оттуда. 3 Три года я не курил, но вдруг во время ужина мне страшно захотелось курить! 4 Она пять лет её не видела, и когда она пришла, ей вдруг захотелось плакать от радости. 5 Погода была очень хорошая, и когда мы увидели море, нам захотелось купаться. 6 Быть с ней всегда была скучно, и когда она появилась, мне вдруг захотелось спать!

Exercise 7   1-е, 2-д, 3-а, 4-в, 5-б, 6-г

Unit 38

Exercise 1   1 В «Детском мире». 2 В художественном салоне. 3 В «Мелодии» 4 В гастрономе. 5 В кондитерской. 6 На почте. 7 В книжном магазине (иногда на почте). 8 В хозяйственном магазине. 9 В магазине «Подарки». 10 В булочной. 11 На Центральном рынке.

Exercise 2   1 оперу, балет 2 картины, скульптуры 3 иконостас 4 портреты, личные вещи 5 костюмы, эскизы декораций, театральные афиши

Exercise 3   1-г: заказать 2-д: поесть 3-а: доехать 4-б: заказать 5-в: купить

Exercise 4   1 открыть, открывайте 2 спросить, спрашивайте 3 посмотреть, смотрите 4 позвонить, звоните 5 взять, берите 6 выключить, выключайте 7 закрыть, закрывайте 8 сесть, садитесь

Exercise 5   1 курить 2 опаздывать 3 переходить 4 шуметь 5 разговаривать 6 входить 7 фотографировать

Exercise 6   1 только в кухне 2 только с министром 3 только на улице 4 только других студентов 5 только до шести часов 6 только завтра утром в девять часов

Exercise 7   1 вода очень холодная 2 это музей, а не магазин! 3 стадион закрыт на ремонт 4 ресторан закрыт на ремонт (на учёт) 5 телевизор не работает 6 опасно

Unit 39

Exercise 1   1 проехать 2 достать 3 войти 4 купить 5 открыть 6 кончить

Exercise 2   1-в, 2-д, 3-а, 4-б, 5-е, 6-г

Exercise 3   1 вставать. (а) 2 приносить (а) 3 открывать (b) 4 посещать (а) 5 читать (а) 6 брать (а)

Exercise 4   1 читать учебную литературу 2 проводить эксперименты 3 заниматься спортом 4 отдыхать 5 использовать компьютеры 6 брать книги на дом 7 слушать кассеты

Exercise 5   1 Как мне попасть на Красную площадь? 2 Как мне пройти к Ленинградскому вокзалу? 3 Как нам попасть в дом-квартиру Достоевского? 4 Как нам доехать до Невского проспекта? 5 Как мне добраться до Кузнецкого моста? 6 Как добраться до Кремля? 7 Как пройти к Библиотеке имени Ленина? 8 Как нам дойти до бассейна? 9 Как нам попасть на Арбат? 10 Как мне доехать до ВДНХ? 11 Как нам добраться до университета? 12 Как попасть в гостиницу «Интурист»? 13 Как мне дойти до Тверской улицы?

Exercise 6

1   — А вы не скажете, как нам доехать до Киевской? — Надо сделать пересадку на кольцевую линию.

2   — Молодой человек, как нам доехать до зоопарка? — Надо ехать до Кузнецкого моста, там надо сделать пересадку, и потом надо ехать до Краснопресненской. Зоопарк находится рядом со станцией метро.

3   — Извините, пожалуйста, как мне доехать до Зубовского бульвара? — Вам надо сделать пересадку на Проспекте Мира, потом надо доехать до Парка Культуры. Зубовский бульвар находится рядом.

4   — Скажите, пожалуйста, как доехать до Шереметьева? — Вам надо доехать до Речного вокзала, оттуда идут автобусы в Шереметьево.

5   — А вы не скажете, как нам доехать до Ярославского вокзала? — Надо ехать до Боровицкой, там надо сделать пересадку, и потом надо доехать до Комсомольской.

6   — Как нам доехать до Тверской улицы? — Надо сделать пересадку на Белорусской, и оттуда надо доехать до Чеховской.

7   — Будьте добры, как мне доехать до главпочтампта? — Вам надо ехать без пересадки до Охотного ряда.

Unit 40

Exercise 1

1   Я приеду и буду жить в Петербурге почти месяц. Быть может, выберусь в Финлядию. Когда приеду? Не знаю. Всё зависит от того, когда напишу повесть.

2   Приеду я на один день, спешно, не остановлюсь нигде; ночевать буду в ресторане. Затем на третьей неделе поста я приеду в Москву уже надолго, дня на четыре, и тогда буду делать визиты.

3   Вот моя программа: в конце сего января или, вернее, в начале февраля я поеду в Алжир, в Тунис *et cetera* потом вернусь в Ниццу, где буду ждать Вас (Вы писали, что приедете в Ниццу), затем поедем вместе в Париж и оттуда на поезде «молния» в Россию праздновать пасху.

4   Я поеду в Крым, потом на Кавказ и, когда там станет холодно, поеду, вероятно, куда-нибудь за границу. Значит, в Петербург не попаду.

5   Если мамаша поедет ко мне, то пусть телеграфирует; я выеду в

Севастополь к ней навстречу и с воказала прямо повезу её в Ялту на лошадях.

6   Весной я поеду, быть может, за границу — ненадолго; оттуда домой в Серпуховской уезд, в июне в Крым, в июле опять домой, осенью опять в Крым. Вот Вам мой, так сказать, жизненный маршрут.

7   Если летом Вы будете в Москве или недалеко от Москвы, то напишите мне, и я приеду к Вам, чтобы повидаться и поговорить о пьесе.

Exercise 2   1-г, 2-а, 3-б, 4-в, 5-е, 6-д

Exercise 3   1 увидимся, зайдите 2 позвоню, зайди 3 поговорим, Зайдите 4 зайдём, зайди 5 расскажу, зайди

Exercise 4   1 Давайте поужинаем в «Праге». Говорят, там очень хорошо готовят. 2 Давайте напишем редактору. Говорят, он всегда отвечает. 3 Давай пойдём к нему в гости. Он всегда нас приглашает к себе. 4 Давай съездим на юг. Погода там прекрасная! 5 Давайте сходим на выставку. Завтра она закроется. 6 Давай искупаемся! Вода, говорят, тёплая.

Exercise 5   1 refuses 2 refuses 3 accepts 4 accepts 5 accepts 6 refuses 7 qualified acceptance

Exercise 6   1 поедем, поехать, поездке 2 продадим, продать, продаже 3 обменяемся, обменяться, обмене 4 пообедаем, пообедать, обеде 5 отремонтируем, отремонтировать, ремонте

Exercise 7

1   — Пойдём сегодня в кино? — А во сколько? — В 7 часов. — Договорились.

2   — Что ты делаешь сегодня вечером? — А что? У тебя есть какие-то планы? — Если ты свободен, давай пойдём в театр. — Хорошая идея. Я согласен.

Exercise 8   1-д, 2-е, 3-а, 4-в, 5-б, 6-г, 7-и, 8-ж, 9-к, 10-з

Exercise 9   1 куплю. 2 закажем. 3 напишу. 4 открою. 5 споём

Exercise 10   1 вызвать, вызову 2 купи, куплю 3 закажи, закажу 4 позвонить, позвоню 5 возьми, возьму 6 отправь, отправлю 7 послушать, послушаю 8 напиши, напишу 9 пойду, закажу 10 сделаю

Exercise 11   1 Купи, придут 2 Отнеси, закроется 3 Поговорите, поможет 4 Закажите, подёт 5 Прочитай, понравятся 6 Посмотри, понравится

Exercise 12   1-ж, 2-е, 3-а, 4-б, 5-г, 6-д, 7-в

APPENDIX 1: DECLENSION OF NOUNS

Masculine singular

Case	Hard			Soft			
	Inanimate	Animate	Fleeting -е	-й animate	-й inanimate	-ь animate	-ь inanimate
Nominative	университе́т	студе́нт	оте́ц	геро́й	музе́й	писа́тель	спекта́кль
Accusative	университе́т	студе́нта	отца́	геро́я	музе́й	писа́теля	спекта́кль
Genitive	университе́та	студе́нта	отца́	геро́я	музе́я	писа́теля	спекта́кля
Dative	университе́ту	студе́нту	отцу́	геро́ю	музе́ю	писа́телю	спекта́клю
Instrumental	университе́том	студе́нтом	отцо́м	геро́ем	музе́ем	писа́телем	спекта́клем
Prepositional	(в) университе́те	(о) студе́нте	(об) отце́	(о) геро́е	(в) музе́е	(о) писа́теле	(о) спекта́кле

Masculine plural

Case	Hard			Soft			
	Inanimate	Animate	Fleeting -е	-й animate	-й inanimate	-ь animate	-ь inanimate
Nominative	университе́ты	студе́нты	отцы́	геро́и	музе́и	писа́тели	спекта́кли
Accusative	университе́ты	студе́нтов	отцо́в	геро́ев	музе́и	писа́телей	спекта́кли
Genitive	университе́тов	студе́нтов	отцо́в	геро́ев	музе́ев	писа́телей	спекта́клей
Dative	университе́там	студе́нтам	отца́м	геро́ям	музе́ям	писа́телям	спекта́клям
Instrumental	университе́тами	студе́нтами	отца́ми	геро́ями	музе́ями	писа́телями	спекта́клями
Prepositional	(в) университе́тах	(о) студе́нтах	(об) отца́х	(о) геро́ях	(в) музе́ях	(о) писа́телях	(о) спекта́клях

Nouns whose stem ends in **ж**, **ч**, **ш** or **щ** have a genitive plural ending in **-ей: мужей, врачей, латышей, товарищей.**

Feminine singular

Case	Hard		Soft		-ь
	Inanimate	*Animate*	*-я*	*-ия*	
Nominative	шко́ла	сестра́	неде́ля	ле́кция	тетра́дь
Accusative	шко́лу	сестру́	неде́лю	ле́кцию	тетра́дь
Genitive	шко́лы	сестры́	неде́ли	ле́кции	тетра́ди
Dative	шко́ле	сестре́	неде́ле	ле́кции	тетра́ди
Instrumental	шко́лой	сестро́й	неде́лей	ле́кцией	тетра́дью
Prepositional	(в) шко́ле	(о) сестре́	(на) неде́ле	(на) ле́кции	(в) тетра́ди

Feminine plural

Case	Hard		Soft		-ь
	Inanimate	*Animate*	*-я*	*-ия*	
Nominative	шко́лы	сёстры	неде́ли	ле́кции	тетра́ди
Accusative	шко́лы	сестёр	неде́ли	ле́кции	тетра́ди
Genitive	шко́л	сестёр	неде́ль	ле́кций	тертра́дей
Dative	шко́лам	сёстрам	неде́лям	ле́кциям	тетра́дям
Instrumental	шко́лами	сёстрами	неде́лями	ле́кциями	тетра́дями
Prepositional	(в) шко́лах	(о) сёстрах	(на) неде́лях	(на) ле́кциях	(в) тетра́дях

Neuter singular

Case	Hard -о	Soft -е	Soft -ие
Nominative	сло́во	мо́ре	упражне́ние
Accusative	сло́во	мо́ре	упражне́ние
Genitive	сло́ва	мо́ря	упражне́ния
Dative	сло́ву	мо́рю	упражне́нию
Instrumental	сло́вом	мо́рем	упражне́нием
Prepositional	(о) сло́ве	(на) мо́ре	(в) упражне́нии

Neuter plural

Case	Hard -о	Soft -е	Soft -ие
Nominative	слова́	моря́	упражне́ния
Accusative	слова́	моря́	упражне́ния
Genitive	слов	море́й	упражне́ний
Dative	слова́м	моря́м	упражне́ниям
Instrumental	слова́ми	моря́ми	упражне́ниями
Prepositional	(о) слова́х	(на) моря́х	(в) упражне́ниях

Declension of дочь (feminine) – 'daughter', мать (feminine) – 'mother' and время (neuter) – 'time'

дочь

Case	Singular	Plural
Nominative	дочь	до́чери
Accusative	дочь	дочере́й
Genitive	до́чери	дочере́й
Dative	до́чери	дочеря́м
Instrumental	до́черью	дочерьми́
Prepositional	(о) до́чери	(о) дочеря́х

мать

Case	Singular	Plural
Nominative	мать	ма́тери
Accusative	мать	ма́тери
Genitive	ма́тери	матере́й
Dative	ма́тери	матеря́м
Instrumental	ма́терью	матеря́ми
Prepositional	(о) ма́тери	(о) матеря́х

время

Case	Singular	Plural
Nominative	вре́мя	времена́
Accusative	вре́мя	времена́
Genitive	вре́мени	времён
Dative	вре́мени	времена́м
Instrumental	вре́менем	времена́ми
Prepositional	(о) вре́мени	(о) времена́х

APPENDIX 2: DECLENSION OF ADJECTIVES

	Hard adjectives				Soft adjectives			
Case	Masculine	Neuter	Feminine	Plural	Masculine	Neuter	Feminine	Plural
Nominative	-ый/-ой	-ое	-ая	-ые	-ий	-ее	-яя	-ие
Accusative	-ый (inanimate) -ого (animate)	-ое	-ую	-ые (inanimate) -ых (animate)	-ий (inanimate) -его (animate)	-ее	-юю	-ие (inanimate) -их (animate)
Genitive	-ого	-ого	-ой	-ых	-его	-его	-ей	-их
Dative	-ому	-ому	-ой	-ым	-ему	-ему	-ей	-им
Instrumental	-ым	-ым	-ой	-ыми	-им	-им	-ей	-ими
Prepositional	-ом	-ом	-ой	-ых	-ем	-ем	-ей	-их

As with nouns, adjectives are affected by two of the spelling rules listed in Appendix 6. These apply to adjectives ending in г, к, х and ж, ч, ш, щ. The declension of these adjectives is sometimes referred to as 'mixed'. All are affected by Spelling rule 1; adjectives ending in ч, ш, щ where the stress is on the stem are also affected by Spelling rule 3. These can be categorised as follows:

1 Adjectives whose stem ends in г, к, х and where the stress is on the stem (such as маленький, советский, английский, русский, лёгкий, детский, тихий and широкий) are affected by Spelling rule 1.

2 Adjectives whose stem ends in г, к, х, ж, ч, ш, щ and where the stress is on the ending (such as другой, дорогой, какой, такой, плохой, сухой, глухой, чужой and большой) are affected by Spelling rule 1.

3 Adjectives whose stem ends in ж, ч, ш, щ and where the stress is on the stem (such as хороший, рабочий, бывший, младший, будущий, лучший, старший and participles ending in -щий) are affected by Spelling rules 1 and 3.

APPENDIX 3: DECLENSION OF PRONOUNS

Declension of personal and interrogative pronouns

	я	ты	он	она	оно	мы	вы	они	кто?	что?
Nominative	я	ты	он	она	оно	мы	вы	они	кто?	что?
Accusative	меня	тебя	его	её	его	нас	вас	их	кого?	что?
Genitive	меня	тебя	его	её	его	нас	вас	их	кого?	чего?
Dative	мне	тебе	ему	ей	ему	нам	вам	им	кому?	чему?
Instrumental	мной	тобой	им	ей/ею	им	нами	вами	ими	кем?	чем?
Prepositional	обо мне	о тебе	о нём	о ней	о нём	о нас	о вас	о них	о ком?	о чём?

Declension of the demonstrative pronoun/adjective этот and the definite pronoun/adjective весь

	этот				весь			
Case	Masculine	Feminine	Neuter	Plural	Masculine	Feminine	Neuter	Plural
Nominative	этот	эта	это	эти	весь	вся	всё	все
Accusative	этот/этого	эту	это	эти/этих	весь/всего	всю	всё	все/всех
Genitive	этого	этой	этого	этих	всего	всей	всего	всех
Dative	этому	этой	этому	этим	всему	всей	всему	всем
Instrumental	этим	этой	этим	этими	всем	всей	всем	всёми
Prepositional	об этом	об этой	об этом	об этих	обо всём	обо всей	обо всём	обо всех

Declension of the possessive adjectives: мой, твой, наш and ваш

| | мой | | наш | |
	Masculine and neuter	Feminine	Masculine and neuter	Feminine
Nominative	мой/моё	моя́	наш/на́ше	на́ша
Accusative	мой – моего́/моё	мою́	наш – на́шего/на́ше	на́шу
Genitive	моего́	моéй	на́шего	на́шей
Dative	моемý	моéй	на́шему	на́шей
Instrumental	моим	моéй	на́шим	на́шей
Prepositional	(о) моём	(о) моéй	(о) на́шем	(о) на́шей

твой declines like мой; ваш declines like наш.

APPENDIX 4: CONJUGATION OF SOME COMMON VERBS

Imperfective: present tense and past tense

Imperfective infinitive	Present tense (past tense in brackets)	Imperative
брать[1]	беру́, берёшь, берёт, берём, берёте, беру́т (он брал, она́ брала́, они́ бра́ли)	бери́ (-те)
ви́деть[2]	ви́жу, ви́дишь, ви́дит, ви́дим, ви́дите, ви́дят (он ви́дел, она́ ви́дела, они́ ви́дели)	—
встава́ть[1]	встаю́, встаёшь, встаёт, встаём, встаёте, встаю́т (он встава́л, она́ встава́ла, они́ встава́ли)	встава́й (-те)
гото́вить[2]	гото́влю, гото́вишь, гото́вит, гото́вим, гото́вите, гото́вят (он гото́вил, она́ гото́вила, они́ гото́вили)	гото́вь (-те)
дава́ть[1]	даю́, даёшь, даёт, даём, даёте, даю́т (он дава́л, она́ дава́ла, они́ дава́ли)	дава́й (-те)
е́здить[2]	е́зжу, е́здишь, е́здит, е́здим, е́здите, е́здят (он е́здил, она́ е́здила, они́ е́здили)	—
есть[mixed]	ем, ешь, ест, еди́м, еди́те, едя́т (он ел, она́ е́ла, они́ е́ли)	ешь (-те)
е́хать[1]	е́ду, е́дешь, е́дет, е́дем, е́дете, е́дут (он е́хал, она́ е́хала, они́ е́хали)	—
ждать[1]	жду, ждёшь, ждёт, ждём, ждёте, ждут (он ждал, она́ ждала́, они́ жда́ли)	жди (-те)
жить[1]	живу́, живёшь, живёт, живём, живёте, живу́т (он жил, она́ жила́, они́ жи́ли)	живи́ (-те)

Imperfective infinitive	Present tense (past tense in brackets)	Imperative
звать[1]	зову, зовёшь, зовёт, зовём, зовёте, зовут (он звал, она звала, они звали)	зови (-те)
идти[1]	иду, идёшь, идёт, идём, идёте, идут (он шёл, она шла, они шли)	иди (-те)
интересоваться[1]	интересуюсь, интересуешься, интересуется, интересуемся, интересуетесь, интересуются (он интересовался, она интересовалась, они интересовались)	—
казаться[1]	кажусь, кажешься, кажется, кажемся, кажетесь, кажутся (он казался, она казалась, они казались)	—
лежать[2]	лежу, лежишь, лежит, лежим, лежите, лежат (он лежал, она лежала, они лежали)	—
ловить[2]	ловлю, ловишь, ловит, ловим, ловите, ловят (он ловил, она ловила, они ловили)	лови (-те)
ложиться[2]	ложусь, ложишься, ложится, ложимся, ложитесь, ложатся (он ложился, она ложилась, они ложились)	ложись, ложитесь
любить[2]	люблю, любишь, любит, любим, любите, любят (он любил, она любила, они любили)	—
мочь[1]	могу, можешь, может, можем, можете, могут (он мог, она могла, они могли)	—
петь[1]	пою, поёшь, поёт, поём, поёте, поют (он пел, она пела, они пели)	пой (-те)
писать[1]	пишу, пишешь, пишет, пишем, пишете, пишут (он писал, она писала, они писали)	пиши (-те)

Imperfective infinitive	Present tense (past tense in brackets)	Imperative
пить[1]	пью, пьёшь, пьёт, пьём, пьёте, пьют (он пил, она пила, они пили)	пей (-те)
плакать[1]	плачу, плачешь, плачет, плачем, плачете, плачут (он плакал, она плакала, они плакали)	плачь (-те)
платить[2]	плачу, платишь, платит, платим, платите, платят (он платил, она платила, они платили)	плати (-те)
пользоваться[1]	пользуюсь, пользуешься, пользуется, пользуемся, пользуетесь, пользуются (он пользовался, она пользовалась, они пользовались)	пользуйся, пользуйтесь
праздновать[1]	праздную, празднуешь, празднует, празднуем, празднуете, празднуют (он праздновал, она праздновала, они праздновали)	—
просить[2]	прошу, просишь, просит, просим, просите, просят (он просил, она просила, они просили)	проси (-те)
садиться[2]	сажусь, садишься, садится, садимся, садитесь, садятся (он садился, она садилась, они садились)	садись, садитесь
сидеть[2]	сижу, сидишь, сидит, сидим, сидите, сидят (он сидел, она сидела, они сидели)	сиди (-те)
слышать[2]	слышу, слышишь, слышит, слышим, слышите, слышат (он слышал, она слышала, они слышали)	—
смотреть[2]	смотрю, смотришь, смотрит, смотрим, смотрите, смотрят (он смотрел, она смотрела, они смотрели)	смотри (-те)
советовать[1]	советую, советуешь, советует, советуем, советуете, советуют (он советовал, она советовала, они советовали)	—
спать[2]	сплю, спишь, спит, спим, спите, спят (он спал, она спала, они спали)	спи (-те)
ставить[2]	ставлю, ставишь, ставит, ставим, ставите, ставят (он ставил, она ставила, они ставили)	ставь (-те)

Imperfective infinitive	Present tense (past tense in brackets)	Imperative
станови́ться[2]	становлю́сь, стано́вишься, стано́вится, стано́вимся, стано́витесь, стано́вятся (он станови́лся, она станови́лась, они станови́лись)	—
танцева́ть[1]	танцу́ю, танцу́ешь, танцу́ет, танцу́ем, танцу́ете, танцу́ют (он танцева́л, она танцева́ла, они танцева́ли)	танцу́й (-те)
уча́ствовать[1]	уча́ствую, уча́ствуешь, уча́ствует, уча́ствуем, уча́ствуете, уча́ствуют (он уча́ствовал, она уча́ствовала, они уча́ствовали)	уча́ствуй (-те)
ходи́ть[2]	хожу́, хо́дишь, хо́дит, хо́дим, хо́дите, хо́дят (он ходи́л, она ходи́ла, они ходи́ли)	—
хоте́ть[mixed]	хочу́, хо́чешь, хо́чет, хоти́м, хоти́те, хотя́т (он хоте́л, она хоте́ла, они хоте́ли)	—
целова́ть[1]	целу́ю, целу́ешь, целу́ет, целу́ем, целу́ете, целу́ют (он целова́л, она целова́ла, они целова́ли)	целу́й (-те)
чу́вствовать[1]	чу́вствую, чу́вствуешь, чу́вствует, чу́вствуем, чу́вствуете, чу́вствуют (он чу́вствовал, она чу́вствовала, они чу́вствовали)	—

Each verb's conjugation type (1, 2 or mixed) is indicated in superscript after the infinitive.

Perfective: future tense and past tense

Perfective infinitive	Perfective future *(past tense in brackets)*	Imperative
взять[1]	возьму́, возьмёшь, возьмёт, возьмём, возьмёте, возьму́т (он взял, она взяла́, они взя́ли)	возьми́ (-те)
встать[1]	вста́ну, вста́нешь, вста́нет, вста́нем, вста́нете, вста́нут (он встал, она вста́ла, они вста́ли)	встань (-те)
встре́тить[2]	встре́чу, встре́тишь, встре́тит, встре́тим, встре́тите, встре́тят (он встре́тил, она встре́тила, они встре́тили)	встре́ть (-те)
вы́звать[1]	вы́зову, вы́зовешь, вы́зовет, вы́зовем, вы́зовете, вы́зовут (он вы́звал, она вы́звала, они вы́звали)	вы́зови (-те)
дать[mixed]	дам, дашь, даст, дади́м, дади́те, даду́т (он дал, она дала́, они да́ли)	дай (-те)
доста́ть[1]	доста́ну, доста́нешь, доста́нет, доста́нем, доста́нете, доста́нут (он доста́л, она доста́ла, они доста́ли)	доста́нь (-те)
заня́ть[1]	займу́, займёшь, займёт, займём, займёте, займу́т (он за́нял, она заняла́, они за́няли)	займи́ (-те)
купи́ть[2]	куплю́, ку́пишь, ку́пит, ку́пим, ку́пите, ку́пят (он купи́л, она купи́ла, они купи́ли)	купи́ (-те)
навести́ть[2]	навещу́, навести́шь, навести́т, навести́м, навести́те, навестя́т (он навести́л, она навести́ла, они навести́ли)	навести́ (-те)
нача́ть[1]	начну́, начнёшь, начнёт, начнём, начнёте, начну́т (он на́чал, она начала́, они на́чали)	начни́ (-те)
отве́тить[2]	отве́чу, отве́тишь, отве́тит, отве́тим, отве́тите, отве́тят (он отве́тил, она отве́тила, они отве́тили)	отве́ть (-те)
откры́ть[1]	откро́ю, откро́ешь, откро́ет, откро́ем, откро́ете, откро́ют (он откры́л, она откры́ла, они откры́ли)	откро́й (-те)

Perfective infinitive	Perfective future (past tense in brackets)	Imperative
показа́ть[1]	покажу́, пока́жешь, пока́жет, пока́жем, пока́жете, пока́жут (он показа́л, она́ показа́ла, они́ показа́ли)	покажи́ (-те)
помо́чь[1]	помогу́, помо́жешь, помо́жет, помо́жем, помо́жете, помо́гут (он помо́г, она́ помогла́, они́ помогли́)	помоги́ (-те)
поня́ть[1]	пойму́, поймёшь, поймёт, поймём, поймёте, пойму́т (он по́нял, она́ поняла́, они́ по́няли)	пойми́ (-те)
посети́ть[2]	посещу́, посети́шь, посети́т, посети́м, посети́те, посетя́т (он посети́л, она́ посети́ла, они́ посети́ли)	посети́ (-те)
посла́ть[1]	пошлю́, пошлёшь, пошлёт, пошлём, пошлёте, пошлю́т (он посла́л, она́ посла́ла, они́ посла́ли)	пошли́ (-те)
пригласи́ть[2]	приглашу́, пригласи́шь, пригласи́т, пригласи́м, пригласи́те, приглася́т (он пригласи́л, она́ пригласи́ла, они́ пригласи́ли)	приглася́ (-те)
сдать[mixed]	сдам, сдашь, сдаст, сдади́м, сдади́те, сдаду́т (он сдал, она́ сдала́, они́ сда́ли)	сдай (-те)
сказа́ть[1]	скажу́, ска́жешь, ска́жет, ска́жем, ска́жете, ска́жут (он сказа́л, она́ сказа́ла, они́ сказа́ли)	скажи́ (-те)
стать[1]	ста́ну, ста́нешь, ста́нет, ста́нем, ста́нете, ста́нут (он стал, она́ ста́ла, они́ ста́ли)	стань (-те)
уби́ть[1]	убью́, убьёшь, убьёт, убьём, убьёте, убью́т (он уби́л, она́ уби́ла, они́ уби́ли)	убе́й (-те)
умере́ть[1]	умру́, умрёшь, умрёт, умрём, умрёте, умру́т (он у́мер, она́ умерла́, они́ у́мерли)	—
упа́сть[1]	упаду́, упадёшь, упадёт, упадём, упадёте, упаду́т (он упа́л, она́ упа́ла, они́ упа́ли)	упади́ (-те)

Each verb's conjugation type (1, 2 or mixed) is indicated in superscript after the infinitive.

APPENDIX 5: NUMERALS

Cardinal numerals

1 оди́н/одна́/одно́	11 оди́ннадцать		
2 два/две	12 двена́дацать	20 два́дцать	200 две́сти
3 три	13 трина́дцать	30 три́дцать	300 три́ста
4 четы́ре	14 четы́рнадцать	40 со́рок	400 четы́реста
5 пять	15 пятна́дцать	50 пятьдеся́т	500 пятьсо́т
6 шесть	16 шестна́дцать	60 шестьдеся́т	600 шестьсо́т
7 семь	17 семна́дцать	70 се́мьдесят	700 семьсо́т
8 во́семь	18 восемна́дцать	80 во́семьдесят	800 восемьсо́т
9 де́вять	19 девятна́дцать	90 девяно́сто	900 девятьсо́т
10 де́сять		100 сто	1000 ты́сяча

Ordinal numerals

1st пе́рвый	10th деся́тый	100th со́тый
2nd второ́й	20th двадца́тый	200th двухсо́тый
3rd тре́тий	30th тридца́тый	300th трёхсо́тый
4th четвёртый	40th сороково́й	400th четырёхсо́тый
5th пя́тый	50th пятидеся́тый	500th пятисо́тый
6th шесто́й	60th шестидеся́тый	600th шестисо́тый
7th седьмо́й	70th семидеся́тый	700th семисо́тый
8th восьмо́й	80th восьмидеся́тый	800th восьмисо́тый
9th девя́тый	90th девяно́стый	900th девятисо́тый

APPENDIX 6: SPELLING RULES

Spelling rule 1

The letters **г, к, х** and **ж, ч, ш, щ** can never be followed by **ы**.

- The nominative plural of nouns ending in these consonants always ends in **-и: врачи, книги, руки, ноги, товарищи,** etc.
- The genitive singular of feminine nouns ending in these consonants always ends in **-и: книги, руки, ноги,** etc.
- Adjectives in the nominative or accusative whose stems end in these letters (classified as 'mixed') end in **-ий, -ие: русский, польские, хорошие,** etc.

Spelling rule 2

The letters **г, к, х** and **ж, ч, ш, щ, ц** can never be followed by **ю** or **я**.

- The first person singular present tense of verbs whose stems end in these consonants ends in -у: **я пишу, я ищу, я лежу, я хочу,** etc.
- The third person plural present tense of 1st conjugation verbs whose stems end in these consonants ends in -ут: **они пишут, они ищут, они плачут,** etc.
- The third person plural present tense of 2nd conjugation verbs whose stems end in these consonants ends in -ат: **они лежат, они учат, они кричат,** etc.

Spelling rule 3

The letters **ж, ч, ш, щ, ц** can never be followed by an unstressed **о**.

- The instrumental singular of masculine nouns ending in these consonants ends in **-óм** if the ending is stressed: **отцóм, врачóм,** etc.
- The instrumental singular of feminine nouns ending in these consonants ends in **-óй** if the ending is stressed: **свечóй,** etc.
- The instrumental singular of masculine nouns ending in these consonants

ends in **-ем** if the ending is *not* stressed: **мýжем, товáрищем, мéсяцем, ирлáндцем,** etc.

- The instrumental singular of feminine nouns ending in these consonants ends in **-ей** if the ending is *not* stressed: **секретáршей, учúтельницей, больнúцей,** etc.
- The genitive plural of masculine nouns ending in **-ц** ends in **-ев** if the ending is *not* stressed: **америкáнцев, ирлáндцев, нéмцев,** etc.
- The genitive, dative and prepositional singulars of adjectives whose stem ends in these consonants end in **-óго, -óму, -óм** (masculine and neuter) and **-óй** (feminine) if the ending is stressed: **большóго, большóй,** etc.
- The genitive, dative and prepositional singulars of adjectives whose stem ends in these consonants end in **-его, -ему, -ем** (masculine and neuter) and **-ей** (feminine) if the ending is *not* stressed: **хорóшего, хорóшей,** etc.

GLOSSARY OF
TECHNICAL TERMS

adjective A part of speech whose function is to qualify or describe a noun. In Russian adjectives always agree with the noun they are qualifying, that is, their endings reflect the number, gender and case of the noun they are describing.

adverb A noun, phrase or clause which indicates when (adverbial of time), where (adverbial of place), why (adverbial of cause or purpose) or how (adverbial of manner) an action takes place.

animate/inanimate In Russian the case of a noun may be affected by whether it refers to a human or an animal (animate) or to a non-living thing (inanimate).

aspect A grammatical category affecting the Russian verb. There are two aspects in Russian: imperfective and perfective. The main function of imperfective verbs is to name an activity without reference to its completion or result; consequently they are often used to supply background or explanatory information. The main function of perfective verbs is to focus on the outcome of the action named by the verb; consequently they are used to structure and sequence an account of events.

case A grammatical category whereby the function of a noun phrase in a sentence is reflected in the endings of its components. There are six cases in Russian: the nominative expresses the subject, the accusative mainly expresses the direct object, the genitive expresses possession, the dative expresses the indirect object, the instrumental expresses the complement of a copula and the prepositional occurs only with prepositions.

complement The noun phrase which completes the meaning of the verb in some way. The complement of a transitive verb is referred to as the direct object and in Russian is expressed in the accusative case. The complement of a copula verb in Russian is expressed in the instrumental case.

conjugation A grammatical classification of verbs determined by the vowel which precedes the endings in the present tense and perfective future. There are two conjugations in Russian: the first and the second. The vowel marking the first conjugation is **-e-**, whereas the vowel marking the second conjugation is **-и-**.

conjunction   A part of speech which is used to join words, phrases or clauses, for example и, а and но.

copula   A verb such as 'seem' or 'become', that links a subject and complement which both refer to the same person or object.

decline/declension   A noun, adjective or pronoun is said to *decline* when its ending changes (to a different case) to reflect its function in a sentence. The *declension* of a noun, etc. is a list of the forms of that noun, etc. in the full range of cases, singular and plural. The category of declension is the way grammarians link together nouns, etc. whose endings follow the same pattern. The most common noun, adjective and pronoun declensions are supplied in the appendices.

direct object   The person or thing directly affected by the action of the verb, e.g. in the sentence 'Sarah read a book' the phrase 'a book' is the direct object of the verb 'to read'. In Russian the direct object is expressed in the accusative case.

ending   The ending of a noun, adjective or modifier reflects its gender, case and number. The ending of a verb in the present tense reflects its person, number and tense. The ending of a verb in the past tense reflects its gender, number and tense.

gender   A grammatical classification of nouns which is represented in their endings. Russian has three genders: masculine, feminine and neuter. All words in a noun phrase (adjectives and other modifiers) reflect the gender of the noun. Gender is also reflected in the past tense forms of verbs.

imperative   A grammatical form of verbs which is used to express orders, invitations and suggestions.

indirect object   Refers to the person who is indirectly affected by the action of the verb, e.g. in the sentence 'I bought Mary a book' the noun 'Mary' is the indirect object of the verb 'to buy'. In Russian the indirect object is expressed in the dative case.

infinitive   The form of a verb found in a dictionary. It is the form of the verb used after modals.

interrogative   Interrogative pronouns and adverbs are used to introduce questions.

modal   A verbal form which expresses the possibility, probability, advisability or necessity of an action. Modals are followed by a verb in the infinitive.

modifier   A word which qualifies or describes a noun. These include adjectives (big, small), possessives (my, your) and demonstratives (this, that).

noun   A part of speech which names an object, person or abstract quality (e.g. table, man, happiness). In Russian the endings of nouns mark their gender, number and case.

nominal   An adjective formed from a 'noun'; of or relating to a noun or noun phrase.

nominal modifier   A word or phrase which qualifies or describes a noun. It may be an adjective (big hall), a noun (town hall) or a prepositional phrase (hall with high windows).

noun phrase   A group of words including a noun or a pronoun which functions as a single unit in a sentence. For example, the sentence 'The big black cat is sitting on the purple rug' contains two noun phrases: 'the big black cat' and 'on the purple rug'.

number   A grammatical category which indicates whether a word is singular or plural.

person   A grammatical category in the verb which differentiates between the speaker (I, we), the person being addressed (you) and third parties (he, she, it, they). The first person (I, we) and second person (you) are expressed by personal pronouns. The third person may be expressed by personal pronouns (he, she, it, they) or by nouns. In Russian, as in French, German and Spanish, there are two forms of the second person singular. One (ты) is used with close friends, family, peers and subordinates and governs a singular verb. The other (Вы) is used with colleagues, acquaintances, strangers and superiors and governs a plural verb. In written texts this formal Вы is often written with a capital letter to differentiate it from the plural вы.

predicate   The function of the predicate is to assert or deny something about the subject. For example, in the sentence 'John likes reading' the subject is 'John' and the predicate is 'likes reading'.

prefix   An element added to the beginning of a stem which alters its meaning. For example, in the word 'unhappy' the prefix 'un-' negates the happiness.

preposition   A part of speech which introduces an adverbial or modifying phrase. For example, the sentence 'The man with the red nose lives in Moscow' contains the preposition 'with' which introduces a modifying phrase and the preposition 'in' which introduces an adverbial of place. Prepositions determine the case of the following pronoun or noun.

pronoun   A part of speech which replaces a noun to avoid repetition. There are several types of pronouns: personal (I, you, he, she, etc.), demonstrative (this, that), relative (which) and interrogative (who, what).

stem   The core element of a word to which prefixes, suffixes and endings are added.

subject   The subject of a verb is the noun or pronoun which refers to the person or thing which performs the action. In Russian the subject is expressed in the nominative case.

suffix   An element added to the end of a stem which alters its meaning or changes its part of speech. For example, the suffix '-ness' in the word 'happiness' changes the adjective 'happy' into a noun.

tense   A grammatical category in verbs which indicates when an action occurred. There are three tenses in Russian: past, present and future.

verb   A part of speech which indicates the performance of an action (e.g. 'to run') or the existence of a state (e.g. 'to sunbathe').

zero ending   The term zero ending refers to the absence of any ending on a noun. It is often represented by grammarians as Ø. A zero ending occurs in the nominative and accusative singular of hard masculine nouns (**стол**) and the genitive plural of feminine and neuter hard nouns (**книг**, **мест**).

GLOSSARY OF PROPER NAMES
People mentioned in the workbook

Notes: The letter **ё** in a Russian word is always stressed; **p.** stands for **родился** or **родиласъ**.

Аксёнов, Василий Павлович	p. 1932	писатель
Александр Второй	1855–81	царь
Ахматова, Анна Андреевна	1889–1966	поэт
Белинский, Виссарион Григорьевич	1811–48	критик
Бичевская, Жанна Владимировна	p. 1944	народная певица
Бродский, Иосиф Александрович	1940–96	поэт
Булгаков, Михаил Афанасьевич	1891–1940	писатель
Васнецов, Виктор Михайлович	1843–1926	художник
Волкогонов, Дмитрий Антонович	1928–95	историк
Высоцкий, Владимир Семёнович	1938–80	певец
Гагарин, Юрий Алексеевич	1934–68	космонавт
Гайдар, Егор Тимурович	p. 1956	экономист и политик
Гаршин, Всеволод Михайлович	1855–88	писатель
Гаспаров, Михаил Леонович	p. 1935	филолог
Герцен, Александр Иванович	1812–70	писатель
Глазунов, Илья Сергеевич	p. 1930	художник
Глинка, Михаил Иванович	1804–57	композитор
Гоголь, Николай Васильевич	1809–52	писатель
Горбачёв, Михаил Сергеевич	p. 1931	политик
Достоевский, Фёдор Михайлович	1821–1881	писатель
Екатерина Вторая	1726–1796	царица
Ельцин, Борис Николаевич	p. 1931	политик; президент
Ельцина, Наина (Анастасия) Иосифовна	p. 1931	жена Бориса Ельцина
Есин, Сергей Николаевич	p. 1935	писатель
Жириновский, Владимир Вольфович	p. 1946	политик
Зюганов, Геннадий Андреевич	p. 1944	политик

Исканде́р, Фази́ль Абду́лович	p. 1929	писатель
Канче́льскис, Андре́й	p. 1969	футболист
Ка́рпов, Анато́лий Евге́ниевич	p. 1951	шахматист
Каспа́ров, Га́рри Ки́нович (né Вайнште́йн)	p. 1963	шахматист
Кирко́ров, Фили́пп	p. 1969	певец
Ку́рникова, А́нна	p. 1981	теннисист
Ле́нин, Влади́мир Ильи́ч (né Улья́нов)	1870–1924	революционер и политик
Ле́рмонтов, Михаи́л Ю́рьевич	1814–41	писатель
Леско́в, Никола́й Семёнович	1831–95	писатель
Лимо́нов, Эдуа́рд	p. 1943	писатель
Ло́тман, Ю́рий Миха́йлович	1922–1993	филолог
Мака́нин, Влади́мир Семёнович	p. 1937	писатель
Маркс, Карл	1818–83	философ
Ме́ньшиков, Оле́г	p. 1960	артист
Михалко́в, Ники́та Серге́евич	p. 1945	кинорежиссёр и артист
Му́соргский, Моде́ст Петро́вич	1839–81	композитор
На́йна Ио́сифовна см. Е́льцина		
Некра́сов, Никола́й Алексе́евич	1821–77	писатель
Не́мов, Алексе́й	p. 1976	гимнаст
Нури́ев, Рудо́льф	1938–93	танцовщик
Окуджа́ва, Була́т Ша́лвович	1924–1997	певец
Остро́вский, Алекса́ндр Никола́евич	1823–86	драматург
Па́влов, Ива́н Петро́вич	1849–36	физиолог
Павло́ва, А́нна Па́вловна	1881–1931	балерина
Пётр Пе́рвый	1682–1725	царь
Петруше́вская, Людми́ла Стефа́новна	p. 1938	драматург
Плисе́цкая, Ма́йя Миха́йловна	p. 1925	балерина
Пугачёва, А́лла Бори́совна	p. 1949	певица
Пу́шкин, Алекса́ндр Серге́евич	1799–1837	поэт
Рац, Васи́лий (Ла́сло)	p. 1961	футболист
Ре́пин, Илья́ Ефи́мович	1844–1930	художник
Ри́хтер, Святосла́в Теофи́лович	1915–1997	пианист
Ростропо́вич, Мстисла́в Леопо́льдович	p. 1927	виолончелист
Ста́лин, Ио́сиф Виссарио́нович (né Джугашви́ли)	1879–1953	политик и революционер
Терешко́ва, Валенти́на Влади́мировна	p. 1937	космонавт
Толсто́й, Лев Никола́евич	1828–1910	писатель
Турге́нев, Ива́н Серге́евич	1818–83	писатель
Фёдоров, Святосла́в Никола́евич	p. 1927	врач
Фонви́зин, Дени́с Ива́нович	1744–92	драматург
Ха́рин, Дми́трий	p. 1968	вратарь

Цвета́ева, Мари́на Ива́новна	1892–1941	поэт
Чайко́вский, Пётр Ильи́ч	1841–93	композитор
Че́хов, Анто́н Па́влович	1860–1904	писатель
Шага́л, Марк Заха́рович	1887–1985	художник
Эйзенште́йн, Серге́й Миха́йлович	1898–1948	кинорежиссёр
Якобсо́н, Рома́н Оси́пович	1896–1982	филолог
Яросла́в Му́дрый	1036–54	великий князь киевский
Я́шин, Лёв Ива́нович	1929–90	вратарь

VOCABULARY

a but
авария accident
август August
авиакомпания airline
Австралия Australia
автобус bus
автоматически automatically
автомобиль *m.* car
адрес address
Академия Academy
акробат acrobat
алло hello (used over the phone)
альбом album
американск|ий, -ая, -ое, -ие American
анкета form
английск|ий, -ая, -ое, -ие English
Англия England
англо-русск|ий, -ая, -ое, -ие English-
   Russian
аппетит appetite
аптека chemist
Арбат Arbat (shopping street in
   Moscow)
армия army
артист actor, performer
артистка actress, performer
аспирант post-graduate
аспирантура post-graduate
   programme
астроном astronomer
аудитория lecture hall
афиша poster
Аэрофлот Aeroflot (Russian airline)
бабушка grandmother
бадминтон badminton
балалайка Russian traditional
   musical instrument: balalaika
балерина ballerina
балет ballet
баллада ballad
банк bank
банкир banker
бассейн swimming pool
батон conductor's baton

баян Russian traditional musical instrument: accordion
бегать[1] *impf.* to run
бедн|ый, -ая, -ое, -ые poor
без, безо + *gen.* without
безработн|ый, -ая, -ое, -ые unemployed
бессонница insomnia
бел|ый, -ая, -ое, -ые white
библиотека library
библиотекарь *m.* librarian
библиотечн|ый, -ая, -ое, -ые library
бизнес business
бизнесмен businessman
билет ticket
билетёрша ticket collector
блестящ|ий, -ая, -ее, -ие outstanding
богат|ый, -ая, -ое, -ые rich
болезнь *f.* illness
бол|ен, -ьна, -ьно, -ьны ill, sick
болеть[2] *impf., 1st and 2nd persons not used, у кого? что?* to hurt
болтать[1] *impf.* to chat
больница hospital
больн|ой, -ая, -ое, -ые sick, ill; *as a noun* patient
больш|ой, -ая, -ое, -ие big
ботаника botany
брат brother
***брать**[1] *impf., (pf.* **взять**) to take
броненосец battleship
бродить[2] *impf.* to wander, walk
бросать[1] *impf., (pf.* **бросить**) to throw, give up
бросить[2] *pf., see* **бросать**
будущ|ий, -ая, -ее, -ие future, next
булочная bakery
бульон consomme, stock, broth
бульвар boulevard, avenue
бутылка bottle
буфет canteen
бывший, -ая, -ее, -ие former

быстро quickly
быть[1] *impf. (no present tense)* to be
бюро office
в, во + *prep. place:* in; *time:* on (months, years)
в, во + *acc. place:* into; *time:* on (days), at (times)
вагон carriage
ваза vase
варенье jam
ваш, -а, -е, -и your
вдруг suddenly
ведь for, indeed
век century
велик|ий, -ая, -ое, -ие great
велосипед bicycle
вернуться[1] *pf., see* **возвращаться**
весёл|ый, -ая, -ое, -ые cheerful
весна spring
весной in spring
весь, вся, всё, все all
ветеринарный veterinary
вечер evening, party
вечером in the evening
вещь *f.* thing
взгляд look, sight
***взять**[1] *pf., see* **брать**
вид sight, view
***видеть**[2] *impf., (pf.* **увидеть**) *кого? что?* to see
видеться[2] *impf., (pf.* **увидеться**) *с кем?* to meet, see one another
виза visa
визит visit
винн|ый, -ая, -ое, -ые wine
вино wine
виолончелист cellist
виолончель *m.* cello
витрина shop window
вкусно tasty, delicious
влюблён, -ена, -ено, -ены *в кого?* in love (with)
вместе together
внук grandson

во время + *gen.* during
вода water
водитель *m.* driver
возвращать[1] *impf.* to return
возможность *f.* possibility
война war
вокзал mainline railway station
волейбол volleyball
волейболист volleyball player
волосы *pl.* hair
вопрос question
воскресенье Sunday
воспитывать[1] *impf.* to bring up
вот here is
впереди ahead
вратарь goalkeeper
врач doctor
время *n.*, *gen.* времени time
всё *n.*, *see* весь all
всегда always
*вставать[1] *impf.*, (*pf.* встать) to
   get up
*встать[1] *pf.*, *see* вставать
*встретить[2] *pf.*, *see* встречать
встретиться[2] *pf.* to meet
встреча encounter, meeting
встречать[1] *impf.*, (*pf.* встретить)
   to meet
вступительн|ый, -ая, -ое, -ые
   matriculating, qualifying
вторник Tuesday
втор|ой, -ая, -ое, -ые second
вулкан volcano
входить[1] *impf.*, (*pf.* войти) to enter
вчера yesterday
вы you
выбирать[1] *impf.* to choose
*вызвать[1] *pf.*, *see* вызывать
выздоравливать[1] *impf.*, (*pf.*
   выздороветь) to recover, get
   better
вызывать[1] *impf.*, (*pf.* вызвать)
   кого? to call, summon
выйти[1] *pf.*, *see* выходить

выйти замуж[1] *pf.*, *see* выходить
   замуж
выпадать[1] *impf.*, (*pf.* выпасть) to
   fall
выпасть[1] *pf.*, *see* выпадать
выпить[1] *pf.*, *see* пить
выставка exhibition
выставочн|ый, -ая, -ое, -ые
   exhibition
выступать[1] *impf.*, (*pf.* выступить) to
   perform
выход exit
выходить[2] *impf.*, (*pf.* выйти) to go
   out
выходить замуж[2] *impf.*, (*pf.* выйти
   замуж) *за кого?* to get married (of
   a woman)
газета newspaper
галантерея haberdashery
галерея gallery
гардероб cloakroom
гастролировать to be on tour (of an
   artiste)
гастроном food store
ГАИ traffic police
где where
геолог geologist
герой hero
гид guide
гимнаст gymnast
гимнастика gymnastics
гитара guitar
глава head, chapter
главн|ый, -ая, -ое, -ые main, head
главпочтампт general post-office
глаз *nom. pl.* глаза eye
говорить[2] *impf.*, (*pf.* поговорить *and*
   сказать) to speak
год *loc.* в году, *gen. pl.* лет year (for
   expressions of age see Unit 31)
гол goal
голландск|ий, -ая, -ое, -ие Dutch
голова head
голодн|ый, -ая, -ое, -ые hungry

голос voice
голуб|ой, -ая, -ое, -ые blue
гора mountain
город *nom. pl.* города town
горяч|ий, -ая, -ее, -ие hot
гостиница hotel
гость *m.* guest
*готовить² *impf.*, (*pf.* приготовить/
 подготовить) to prepare
готовиться² *impf.*, (*pf.*
 приготовиться/ подготовиться)
 к чему? to prepare oneself
грамматика grammar
граница border
гриб mushroom
грипп 'flu
группа group
гулять¹ *impf.*, (*pf.* погулять) to
 go for a walk
ГУМ State Department Store
да yes
давайте let's
*давать¹ *impf.*, (*pf.* дать) to give
давно a long time ago
дама lady
*дать^mixed *pf.*, *see* давать
дача summer house, *dacha*
дверь *f.* door
движение traffic, movement
дворец palace
двухкомнатн|ый, -ая, -ое, -ые
 two-roomed
девочка girl
девушка young woman
дедушка grandfather
дежурн|ый, -ая, -ые person on
 duty
декан dean
декабрист Decembrist
декорация decoration
демонстрация demonstration,
 public meeting
делать¹ *impf.*, (*pf.* сделать) to
 do, make

делегация delegation
дело matter, affair
день *m.* day
деньги *always plural, gen.* денег
 money
депутат deputy
деревня countryside, village
детективы detective fiction
дети *pl. of* ребёнок children
детск|ий, -ая, -ое, -ие children's
детство childhood
директор director
дирижёр conductor
диск CD
дискотека disco
дискуссия discussion
длинн|ый, -ая, -ое, -ые long
для + *gen.* for
до + *gen.* before, until; up to
добраться¹ *pf.* to get to, reach
добр|ый, -ая, -ое, -ые good, kind
договориться² *pf.* to agree
доехать¹ *pf.* to get to, reach
дождь *m.* rain
дойти¹ *pf.* to get to, reach
документальн|ый, -ая, -ое, -ые
 documentary
долг|ий, -ая, -ое, -ие long
долго for a long time
долж|ен, -на, -но, -ны to have to
дом *nom. pl.* дома house
дома at home
домашн|ий, -яя, -ее, -ие house
домохозяйка housewife
дорога road, way
дорог|ой, -ая, -ое, -ие dear, expensive
доска board, blackboard
*достать¹ *pf.* to obtain
дочь *f., gen.* дочери daughter
драма drama
драматург playwright
друг *pl.* друзья, друзей friend
друг|ой, -ая, -ое, -ие other
дружба friendship

друзья *pl.*, *see* друг

Дума the *Duma*, the Russian parliament

думать[1] *impf.*, (*pf.* подумать) to think

душно stuffy

дядя uncle

еда food

ежедневн|ый, -ая, -ое, -ые daily

ежедневно weekly

*ездить[2] *impf.*, (*pf.* поехать) *куда?* to go (by means of transport)

если if

*есть[mixed] *impf.*, (*pf.* съесть) to eat

есть *invariable* is; use in expressions of possession and existence (see Unit 16)

*ехать[1] *impf.*, (*pf.* поехать) *куда?* to be going (by means of transport)

ещё still; another, a few more

ещё не not yet

*ждать[1] *impf.* to wait

желать[1] *impf.*, (*pf.* пожелать) *кому? чего?* to wish (see Unit 15)

жена wife

женат married (of a man)

жениться[2] *impf.*, (*pf.* жениться) *на ком?* to marry (of a man)

женщина woman

Жигули *Zhiguli* (make of car)

жизнь *f.* life

*жить[1] *impf.*, (*pf.* прожить) to live

журнал magazine

журналист journalist

за + *inst. place*: beyond, out of (town); *purpose*: for

за + *acc. place*: beyond, out of (town); *time*: for

заболеть[1] *pf.* to fall ill

забывать[1] *impf.*, (*pf.* забыть) to forget

заведение institution, establishment

заведовать[1] *impf.* to run

завод factory

завтра tomorrow

завтрак breakfast

завтрашн|ий, -яя, -ее, -ие tomorrow

загорать[1] *impf.*, (*pf.* загореть) to sunbathe

задание assignment

задача task

зайти[1] *pf.*, *see* заходить

заказывать[1] *impf.*, (*pf.* заказать) to order

закрытие opening

закрывать(ся)[1] *impf.*, (*pf.* закрыть (ся)) to close

закуски *pl.* starters

зал hall

замолчать[2] *pf.* to fall silent

замужем married (of a woman)

занимать[1] *impf.*, (*pf.* занять) to occupy

заниматься[1] *impf.*, *чем?* (*pf.* заняться/ позаниматься) to be busy, engaged in; to study

занят, -а, -о, -ы busy

занятие class, lesson

*занять[1] *pf.*, *see* занимать

заняться[1] *pf.*, *see* заниматься

заперт, -а, -о, -ы locked

заполнять[1] *impf.* to fill in

зарегистрироваться[1] *impf.* to register

затем then

зато but on the other hand

заходить[2] *impf.*, (*pf.* зайти) to call in on, drop in on

зачем why, for what purpose

зачёт test

защитить[2] *pf. see* защищать

защищать[1] *impf.*, (*pf.* защитить) to defend, защищать диссертацию to defend a thesis

*звать[1] *impf.* to call

звонить[2] *impf.*, (*pf.* позвонить) to ring

здание building

здесь here

здравствуйте hello
здоров|ый, -ая, -ое, -ые healthy
зима winter
зимн|ий, -яя, -ее, -ие winter
зимой in winter
знакомиться² *impf.*, (*pf.*
  познакомиться) to get to know
знаком, -а, -о, -ы *с кем?* to be
  acquainted with
знаком|ый, -ая, -ое, -ые an
  acquaintance, acquainted
знать¹ *impf.* to know
значение meaning
золот|ой, -ая, -ое, -ые gold, golden
  золотое кольцо The Golden
  Ring
зоопарк zoo
зритель audience, viewer
значит that means
и and
играть¹ *impf.*, *во что? на чём?* to
  play
игрушка toy
*идти¹ *impf.* to be going (on foot)
из + *gen.* from, out of
известный famous
извинить² *pf.* to excuse
издавать¹ *impf.* to publish
издательство publishing house
изучать¹ *impf.*, *что?* to study
икона icon
иконостас iconostasis
или or
иметь¹ *impf.* to have (see Unit 16)
импортн|ый, -ая, -ое, -ые
  imported
имя *n.*, *gen.* имени first name, от
  имени: on behalf of
иначе otherwise
инвестиционн|ый, -ая, -ое, -ые
  investment
инженер engineer
инженер-программист computer
  programmer

иностранн|ый, -ая, -ое, -ые foreign
институт institute
инструмент instrument
интервью interview
интересн|ый, -ая, -ое, -ые interesting
*интересоваться¹ *impf.*, *чем?* to be
  interested in
использовать¹ *impf. and pf.* to use
исправлять¹ *impf.*, (*pf.* исправить) to
  correct
историческ|ий, -ая, -ое, -ие historic
история history
историк historian
итоги sum, result
июнь June
к, ко + *dat.* to (a person's house)
кабинет office, лингафонный кабинет
  language laboratory
кажд|ый, -ая, -ое, -ые every
*казаться¹ *impf.* to seem
казнь *f.* execution
как how
как|ой, -ая, -ое, -ие what, what kind of
каникулы *pl.* holidays
карандаш pencil
карта map
картина picture, painting
касса cash desk
кассета cassette
кассир cashier
кассирша cashier
каталог catalogue
кататься¹ *impf.*, *на чём?* (see Unit 21)
кафе café
кафедра department
каша *kasha*, porridge
квартира flat, apartment
кефир *kefir*, milk product
кино cinema
кинорежиссёр film director
киностудия film studio
кинотеатр cinema
киоск kiosk
класс class, classroom

классическ|ий, -ая, -ое, -ие
    classical
климат climate
клуб club
ключ key
книга book
книжн|ый, -ая, -ое, -ые book
князь prince
когда when
колхозник *kolkhoz* worker,
    agricultural worker
кольцев|ой, -ая, -ое, -ые ring
    (road, line)
команда team
комедия comedy
коммерсант merchant, business
    man
коммунальн|ый, -ая, -ое, -ые
    communal
коммунист communist
комната room
комплекс complex
композитор composer
компьютер computer
компьютерн|ый, -ая, -ое, -ые
    computer
кондитерск|ий, -ая, -ое, -ие
    confectioner's
конечно of course
конец end
конкурс competition
консерватория conservatoire,
    academy of music
контролёр inspector, ticket
    collector
контрольн|ый, -ая, -ое, -ые
    control
конфета sweet
концерт concert
концертн|ый, -ая, -ое, -ые concert
кончаться¹ *impf.* to end
коньки *pl.* skates
корейск|ий, -ая, -ое, -ие Korean
корпус building, block

корреспондент correspondent
корт court
космонавт astronaut
котлета cutlet
коттедж detached house (often in the
    suburbs or country)
котор|ый, -ая, -ое, -ые which
кофе coffee
кофеёк a coffee
кошка cat
красавица *here*, beauty, beautiful
    woman
красив|ый, -ая, -ое, -ые beautiful
красн|ый, -ая, -ое, -ые red
Кремлёвск|ий, -ая, -ое, -ие Kremlin
Кремль Kremlin
кресло armchair
критик critic
кровать *f.* bed
кругл|ый, -ая, -ое, -ые round
кружок circle, study group
крупа groats
Крым Crimea
кто who
куда where (to)
куда-нибудь anywhere
кукла doll, puppet
культура culture
купаться¹ *impf.* to bathe, swim
*купить² *see* покупать
курить² *impf.* to smoke
курорт resort
курящ|ий, -ая, -ее, -ие smoker
курс year (in College, university)
курсы *pl.* course, classes
кухня kitchen
лаборатория laboratory
лабораторн|ый, -ая, -ое, -ые
    laboratory
ладно okay
лампа lamp
лебедин|ый, -ая, -ое, -ые swan
левша *m.* left-handed person
лёгк|ий, -ая, -ое, -ие light, easy

*лежать² *impf.*, (*pf.* полежать)
  где? to lie, to stay in bed
лекарство medicine
лекция lecture
лента ribbon
лес *loc.* в лесу forest, wood(s)
лесопарк forest park
лет *see* год
летн|ий, -яя, -ее, -ие summer
лётн|ый, -ая, -ое, -ые flying
лето summer
летом in the summer
лидер leader
лингафонн|ый, -ая, -ое, -ые
  language (laboratory)
лингвист linguist
линия line (in the underground)
литература literature
литературн|ый, -ая, -ое, -ые
  literary
литературовед literature specialist
литинститут Literary Institute
лицей lycée, secondary school
лицо face, person
лишн|ий, -яя, -ее, -ие superfluous,
  extra, spare
ловить² *impf.* to catch (fish)
лодка boat
*ложиться² *impf.*, (*pf.* лечь) to lie
  down
лучше better
лыжи *pl.* skis
лыжн|ый, -ая, -ое, -ые ski
любезн|ый, -ая, -ое, -ые kind;
  будьте любезны would you
  please
*любить² *impf.*, (*pf.* полюбить) to
  like, to love
любовь *f.* love
люб|ой, -ая, -ое, -ые any
люди *pl. of* человек people
магазин shop
магнитофон tape recorder
май May

мал|ый, -ая, -ое, -ые small
маленький, -ая, -ое, -ые small
мало + *gen.* a little, few
мальчик boy
мама mother
марка stamp
мастерская studio, workshop
математик mathematician
математика mathematics
матрёшка Russian doll
матч match
мать *f. gen.* матери mother
машина car
МГУ, Московский
  государственный университет
  Moscow State University
мебель *f.* furniture
медаль *f.* medal
медицинск|ий, -ая, -ое, -ие medical
медленно slowly
мелодия tune
местн|ый, -ая, -ое, -ые local
место place
месяц month
методика methodology
метро metro, underground
микрохирургия microsurgery
милиционер policeman
минута minute
минуточка a minute, a second
мир world
мир peace
младш|ий, -ая, -ее, -ие younger
много + *gen.* a lot of, much, many
может быть perhaps
можно one may; to be able (see Unit
  39)
мо|й, -я, -ё, -и my
молод|ой, -ая, -ое, -ые young
молоко milk
монастырь *m.* monastery
монета coin
море sea
мороз frost

московск|ий, , -ая, -ое, -ие Moscow
мост bridge
мотоцикл motorbike
*мочь[1] *impf.*, (*pf.* смочь) to be able
муж husband
музей museum
музыка music
музыкант musician
мы we
мясо meat
мяч ball
на + *acc. place*: onto, to; *time*: for
на + *prep.* on, at, in
навестить[2] *pf.*, *see* навещать
навещать[1] *impf.*, (*pf.* навестить) to visit
над + *inst.* over, (to work) on
надо *кому?* to have to (see Unit 39)
назад ago
называться[1] *impf.* to be called
наилучш|ий, -ая, -ее, -ие best
найти[1] *pf.* to find
наказание punishment
наконец finally
налево on the left
написать[1] *pf.*, *see* писать
напоминать[1] *impf.* to remind
направо on the right
например for example
народн|ый, -ая, -ое, -ые popular, folk
настольн|ый, -ая, -ое, -ые table
насчёт + *gen.* in relation to, about
научиться[2] *pf.* to learn how to do something
научно-техническ|ий, -ая, -ое, -ие technical
научн|ый, -ая, -ое, -ые academic
находиться[2] *impf.* to be situated, located
*начать[1] *pf.*, *see* начинать
начаться[1] *pf.*, *see* начинаться
начинать[1] *impf.*, (*pf.* начать) to begin

начинаться[1] *impf.*, (*pf.* начаться) to begin
наш, -а, -е, -и our
не not
нет no
недавно recently
недалеко near
неделя week
независим|ый, -ая, -ое, -ые independent
нельзя *кому?* one cannot, may not (see Unit 39)
немецк|ий, -ая, -ое, -ие German
немного a little
непременно without fail
несколько + *gen.* a few
никак no way
никогда не never
никто не no-one
ничего не nothing
но but
новинка novelty
новости *pl.* news
нов|ый, -ая, -ое, -ые new
номер room (in a hotel)
ночь *f.* night
нравиться[2] *impf.*, (*pf.* понравиться) *что? кому?* to be pleasing (for expressions of likes and dislikes, see Unit 27)
ну well!
о, об, обо + *prep.* about
обед lunch
обедать[1] *impf.*, (*pf.* пообедать) to have lunch
обещать[1] *impf.* to promise
область *f.* region
обмен deceit
обнимать[1] *impf.* to embrace
обратиться[2] *pf.* to address, turn to
обсудить[2] *pf.* to discuss
общежитие hostel
обычно usually
объявление announcement

объяснять¹ *impf.* to explain
обязательно without fail
ОВИР Visa and registration
   department
овощи *pl.* vegetables
овсян|ый, -ая, -ое, -ые oatmeal
огород kitchen-garden
огромн|ый, -ая, -ое, -ые enormous,
   huge
озеро lake
оканчивать¹ *impf.*, (*pf.* окончить)
   to finish, graduate from
океан ocean
окно window
окончание ending, graduation
окончить² *pf.*, *see* оканчивать
он he, it
она she, it
они they
оно it
опасно dangerous
опера opera
операция operation
опоздать¹ *pf.* to be late
опубликование publishing
опять again
органн|ый, -ая, -ое, -ые organ
оркестр orchestra
осень *f.* autumn
осматривать¹ *impf.*, (*pf.*
   осмотреть) to look around,
   over
основать¹ *pf.* to found
особенно particularly
останавливаться¹ *impf.*, (*pf.*
   остановиться) to stop
остановиться² *pf.*, *see*
   останавливаться
остановка (bus-) stop
остров *pl.* острова island
от, ото + *gen.* from
*ответить² *pf.* to answer
отдохнуть¹ *pf.*, *see* отдыхать
отдых rest, holiday

отдыхать¹ *impf.*, (*pf.* отдохнуть) to
   relax, rest, be on holidays
отдыхающ|ий, -ая, -ое, -ие holiday
   maker
отец father
отеческий father's, paternal
открывать¹ *impf.*, (*pf.* открыть) to
   open
открывать(ся)¹ *impf.*, (*pf.*
   открыться) to open
открытие discovery
открытка post-card
*открыть¹ *pf.*, *see* открывать to open
откуда from where
отмечать¹ *impf.* to mark, make note
   of; to celebrate
отнести¹ *pf.* to take (away, back)
отправить² *pf. see* отправлять
отправлять¹ *impf.*, (*pf.* отправить) to
   send
отпуск annual leave, holidays
оттуда from there
официант waiter
очень very, a lot
очередь *f.* queue
ошибка mistake
Пакистан Pakistan
пакет parcel
палочка conductor's baton
памятник monument, statue
папа father
парикмахерская hair-dresser's
парикмахер hair-dresser
парк park
паспорт passport
пассажир passenger
пациент patient
певец singer
певица singer
педагогическ|ий, -ая, -ое, -ие
   pedagogical
пение singing
пенсия pension
перв|ый, -ая, -ое, -ые first

перевод translation
переводить[2] *impf.*, (*pf.* перевести) что? на что? to translate
переводчик translator, interpreter
перед + *inst.* before
передать[mixed] *pf.* to broadcast; to pass on (best wishes)
передача programme, broadcast
переезжать[2] *impf.*, (*pf.* переехать) to move
переехать[1] *pf.*, *see* переезжать
переиздаваться[1] *impf.* to re-print, re-issue
переменить[2] *pf.* to change
переноситься[2] *impf.* to be transferred
пересадка change (of line, bus, . . .)
переходить[2] *impf.*, (*pf.* перейти) to cross
периодика journals, periodicals
перо feather
песня song
*петь[1] *impf.*, (*pf.* спеть) to sing
печать *f.* print
пианист pianist
пиво beer
пиков|ый, -ая, -ое, -ые of spades (in cards)
пилот pilot
пирог pie
писатель *m.* writer
*писать[1] *impf.*, (*pf.* написать) to write
письменн|ый, -ая, -ое, -ые writing (table), written (examination)
письмо letter
*пить[1] *impf.* (*pf.* выпить) to drink
плавание swimming
*плавать[1] *impf.* to swim
плакать[1] *impf.*, (*pf.* заплакать) to cry
план plan

*платить[2] *impf.*, (*pf.* заплатить) to pay
платформа platform
плохо badly
плох|ой, -ая, -ое, -ие bad
площадка court (for sport)
площадь *f.* square
пляж beach
по + *dat. place:* around, along; *time:* on, every
по + *acc.* until (inclusive)
победа victory
победить[2] *pf.* to defeat
повесть *f.* story, tale
повешение hanging
повидаться[1] *pf.* to see one another, meet
поговорить[2] *pf.*, *see* говорить
погода weather
погулять[1] *pf.*, *see* гулять
под + *inst.* under, in the environs of
подарить[2] *pf.* to give (a gift)
подарок present, gift
Подмосковье surrounds of Moscow
подруга friend, girl friend
поезд *nom. pl.* поезда train
поездка journey, trip
поехать[1] *pf.*, *see* ехать to go (by means of transport)
пожалуйста please
пожилой middle-aged
пожениться[2] *perf.* (*pl.* used only; of two people) to get married
позавчера the day before yesterday
позаниматься[1] *pf.*, *see* заниматься
позвать[2] *pf.*, *see* звать
позвонить[2] *pf.*, *see* звонить
поздно late
поиграть[1] *pf.*, *see* играть
пойти[1] *pf.*, *see* идти to go (on foot)
пока farewell, so long
*показать[1] *pf.*, *see* показывать
показывать to show
покататься[1] *pf.*, *see* кататься

покупать¹ *impf.*, (*pf.* купить) to buy
поликлиника medical centre
политехнический, -ая, -ое, -ие politechnic(al)
политик politician
политика politics
политический, -ая, -ое, -ие political
полка shelf
полн|ый, -ая, -ое, -ые full
положим let's say
получать¹ *impf.*, (*pf.* получить) *что? от кого?* to receive
получить² *pf.*, *see* получать
*пользоваться¹ *impf.* to use
помидор tomato
помогать¹ *impf.*, (*pf.* помочь) *кому?* to help
*помочь¹ *pf.*, *see* помогать
помощь *f.* aid, help
понедельник Monday
понимать¹ *impf.*, (*pf.* понять) to understand
*понять¹ *pf.*, *see* понимать
пообедать¹ *pf.*, *see* обедать
понравиться² *pf.*, *see* нравиться
попасть¹ *pf.* to get to, reach
поплавать¹ *pf.*, *see* плавать
поправиться² *pf.*, *see* поправляться
поправляться¹ *impf.* get better, recover
попробовать¹ *pf.* to try
попросить² *pf.*, *see* просить
попрощаться¹ *pf.*, *see* прощаться
*посетить² *pf.*, *see* посещать
портрет portrait
посещать¹ *impf.*, (*pf.* посетить) to visit
*послать¹ *pf.*, *see* посылать
после + *gen.* after
последн|ий, -яя, -ее, -ие last
послушать¹ *pf.*, *see* слушать

посмотреть² *pf.*, *see* смотреть
посоветовать¹ *pf.*, *see* советовать
поссориться² *pf.*, *see* ссориться
поставить² *pf.*, *see* ставить
поступать¹ *impf.*, (*pf.* поступить) *куда?* to enter (university), to start (*work*)
поступить² *pf.*, *see* поступать
посуда crockery
посылать¹ *impf.*, (*pf.* послать) to send
потанцевать¹ *pf.*, *see* танцевать
потерять¹ *pf.* to lose
потом then
потому что because
поэторопиться to rush
поужинать¹ *pf.*, *see* ужинать
почему why
почта post-office
почтальон postman
поэт poet
поэтика poetics
появиться² *pf.* to appear
по-английски in English
по-вашему in your view
по-моему in my view
по-русски in Russian
прав, -а, -о, -ы right
правда truth
правительство government
православие Orthodoxy
праздник public holiday
*праздновать¹ *impf.* to celebrate
практически practically
предложение suggestion
предмет subject
прекрасно excellent! splendid!
прекрасн|ый, -ая, -ое, -ые beautiful, fine
президент president
премия prize
премьера premiere, first night
преподаватель *m.* teacher
преподавать¹ *impf.* to teach
преступление crime

при + *prep.* in the time/reign of

привет hi

**пригласить² *pf.*, *see* приглашать

приглашать¹ *impf.*, (*pf.* пригласить) *кого? куда?* to invite

пригород suburb

приезд arrival

приехать¹ *pf.*, *see* приезжать

прийти¹ *pf.*, *see* приходить

принести¹ *pf.*, *see* приносить

принимать¹ *impf.* to take

приносить² *impf.*, (*pf.* принести) to bring

природа nature

приятн|ый, -ая, -ое, -ые pleasant

про + *acc.* about

проблема problem

проверять¹ *impf.* to check

провинция the provinces

проводить² *impf.*, (*pf.* провести) to spend (time), to conduct (experiments)

программист programmer

продавать¹ *impf.* to sell

продажа sale

продан, -а, -о, -ы sold

продукты *pl.* groceries, food stuffs

проезжать¹ *impf.*, (*pf.* проехать) to pass

проехать¹ *pf.*, *see* проезжать

проза prose

произойти¹ *pf.* to happen

пройти¹ *pf.* to pass; to get to

прописывать¹ *impf.* to prescribe; to register

**просить² *impf.*, (*pf.* попросить) *кого?* ask for, ask someone to do something

проснуться¹ *pf.*, *see* просыпаться

проспект prospect, avenue

простить¹ *pf.* to forgive

просто так for no particular reason

простуда a cold

просыпаться¹ *impf.*, (*pf.* проснуться) to wake up

профессор professor

проходить² *impf.*, (*pf.* пройти) to pass

прочитать¹ *pf.*, *see* читать

прошл|ый, -ая, -ое, -ые last

прощаться¹ *impf.* (*pf.* попрощаться), *с кем?* to part, to say farewell

прямо straight ahead; right (in the centre)

пряник gingerbread

психология psychology

публика public

публикация publication

путешествовать to travel

путешествие journey

путь *m.* journey, trip, way

пух down

пьеса play

пятница Friday

пятёрка 5, "A" grade

работа work

работать¹ *impf.*, (*pf.* поработать) to work

работница worker

рабочий worker

радость *f.* joy

радио radio

раз *gen. pl.* раз time

разговаривать¹ *impf.* to chat

разговор conversation

разойтись¹ *pf.* to split up, to separate

разрешать¹ *impf.*, (*pf.* разрешить) *кому? что сделать?* allow, permit

разрешить² *pf.*, *see* разрешать

район district

рак cancer

ракетка racket

рано early

раньше earlier, before

расписание timetable

рассказ short story

рассказать[1] *pf.* to tell
ребёнок *sg. only, pl.* **дети** child
ребята *form of address to a group* lads, folks
революционер revolutionary
редактор editor
редко rarely
режиссёр director
результат result
река river
рекомендовать[1] *impf.* to recommend
ректор director
ремонт repair
ресторан restaurant
решить[2] *pf.* to decide
рисование drawing
рисовать[1] *impf.* to draw
родина motherland
родитель *m.* parent
родиться[2] *pf.* to be born
родн|ой, -ая, -ое, -ые native
рождение birth
Рождество Christmas
рокгруппа rock-group
роман novel
романс song
Россия Russia
рояль *m.* piano
рубль *m.* rouble
русск|ий, -ая, -ое, -ие Russian
русско-английск|ий, -ая, -ое, -ие Russian-English
рыба fish
рыболов fisherman
рынок market
ряд *loc.* **в ряду** row
рядом next door
с, со + *inst.* with
с, со + *gen.* from
сад *loc.* **в саду** garden
*садиться[2] *impf.*, (*pf.* **сесть**) to sit down
салат salad

салон salon, gallery
сам oneself
самолёт aeroplane
сам|ый, -ая, -ое, -ые *used in the formation of the superlative degree of adjectives* most
сахар sugar
сберкасса savings bank
сборник collection
свет light
свадьба wedding
свидание meeting
свободн|ый, -ая, -ое, -ые free
сво|й, -я, -ё, -и one's own (*always refers back to the subject of the verb*)
сдавать[2] *impf.*, (*pf.* **сдать**) to sit (an exam); to hand in, submit
*сдать[mixed] *pf.*, *see* **сдавать**
сделать[1] *pf.*, *see* **делать**
себя oneself
сегодня today
сегодняшн|ий, -яя, -ее, -ие today's
сейчас now
секретарша secretary
секретарь *m.* secretary
семинар seminar
семинарий seminary
семья family
сентябрь *m.* September
сестра sister
сигарета cigarette
*сидеть[2] *impf.*, (*pf.* **посидеть**) to be seated
сильн|ый, -ая, -ое, -ые strong
симфония symphony
син|ий, -яя, -ее, -ие blue
*сказать[1] *pf.*, *see* **говорить** to say, tell
сколько + *gen.* how many
скоро soon
скор|ый, -ая, -ое, -ые fast, rapid; near, forthcoming, impending
скрипка violin
скульптура sculpture

скучно *кому?* boring
слаб|ый, -ая, -ое, -ые weak
сладк|ий, -ая, -ое, -ие sweet
следующ|ий, -ая, -ее, -ие next,
    following
словарь *m.* dictionary
слово word
служить[2] *impf. кем? где?* to work
случиться[2] *pf.* to happen
слушать[1] *impf.*, (*pf.* послушать)
    to listen to
*слышать[2] *impf.*, (*pf.* услышать)
    to hear
смертельно mortally, terminally
смерть *f.* death
сметана *smetana*, sour cream
смотреть[2] *impf.*, (*pf.* посмотреть)
    to look at, watch
смотря that depends on
сначала first of all, at first
снег snow
снимать[1] *impf.*, (*pf.* снять) to take
    off; to rent
снять[1] *pf.*, *see* снимать
собака dog
собачка small dog
собираться[1] *impf.* to intend to
собор cathedral
собрание collection, meeting
событие event
совет advice
*советовать[1] *impf.*, (*pf.*
    посоветовать) *кому?* to advise
советсткий, -ая, -ое, -ие Soviet
современн|ый, -ая, -ое, -ые
    contemporary
совсем altogether, completely
соглас|ен, -на, -ны agreed
сожаление sympathy
солдат soldier
сон sleep, dream
соната sonata
сообщать[1] *impf.* to inform
соревнование competition

сосед *pl.* соседи neighbour
сочинение essay, works
спасибо thank you
*спать[2] *impf.* to sleep
спектакль *m.* show, performance
специальность *f.* speciality, specialist
    training
спокойн|ый, -ая, -ое, -ые peaceful
способность *f.* talent, ability, aptitude
способн|ый, -ая, -ое, -ые talented,
    gifted
спорт sport
спортзал sports hall
спортивн|ый, -ая, -ое, -ые sport
спортсмен sportsman
справочн|ый, -ая, -ое, -ые
    information
*спрашивать[1] *impf.*, (*pf.* спросить) to
    ask
спящ|ий, -ая, -ее, -ие person who is
    asleep
среда Wednesday
средн|ий, -яя, -ее, -ие middle, average
ссориться[2] *impf.*, (*pf.* поссориться)
    с кем? to argue, disagree
*ставить[2] *impf.*, (*pf.* поставить) to
    put
стадион stadium
*становиться[2] *impf.*, (*pf.* стать) *кем?*
    чем? to become
станция (metro) station
старик old man
старинн|ый, -ая, -ое, -ые ancient
старуха old woman
старш|ий, -ая, -ее, -ие older, eldest;
    senior
стар|ый, -ая, -ое, -ые old
*стать[1] *pf.*, *see* становиться
статья article (in a newspaper)
стена wall
стихотворение poem
стихи *pl.* verses
стол table
столица capital

столовая dining room
стоять² *impf.* to stand
страница page
страшно awfully
строитель *m.* builder
строить² *impf.* to build
стройка building site
студент student
студентка student
стюардесса air-hostess
суббота Saturday
сувенир souvenir
сух|ой, -ая, -ое, -ие dry
счастливо all the best
счастлив|ый, -ая, -ое, -ые happy,
    enjoyable
счастье happiness
счёт bill, account
считать¹ *impf.* to count
суббота Saturday
сувенир souvenir
суп soup
съезд congress
съездить² *pf.* to go, to make a
    round trip
сын son
сыночек *affectionate diminutive of*
    сын
сыр cheese
таблетка tablet
Таиланд Thailand
так so, thus
так как since, as
так|ой, -ая, -ое, -ие such
такси taxi
талантлив|ый, -ая, -ое, -ые
    talented
там there
танец dance
*танцевать¹ *impf.* to dance
танцовщик (male) ballet dancer
ТВ TV
тво|й, -я, -ё, -и your
творчество creation, work

театр theatre
театральн|ый, -ая, -ое, -ые theatrical
текст text
тема theme
тёмн|ый, -ая, -ое, -ые dark
телевизор television
телеграмма telegram
телеграф telegraph (office)
телескоп telescope
телефон telephone
телефонн|ый, -ая, -ое, -ые telephone
температура temperature
теннис tennis
теннисист tennis player
теория theory
теперь now
тёпл|ый, -ая, -ое, -ые warm
террорист terrorist
тетрадь *f.* copy book, exercise
    book
тётя aunt
техникум technical or vocational
    college
тих|ий, -ая, -ое, -ие quiet
тихо quietly
то есть that is to say
товар goods
товарищ friend
тогда then
только only
только что only just
*торговать¹ *impf.*, *чем?* to trade
трамвай tram
тренер trainer, coach
тренировать¹ *impf.* to train
трёхкомнатн|ый, -ая, -ое, -ые three-
    roomed
троллейбус trolleybus
трубка stethoscope
трудно difficult
туда there
турбаза tourist resort
турист tourist
ты you

убивать[1] *impf.*, (*pf.* убить) to kill
убийство murder
убирать[1] *impf.* to tidy
*убить[1] *pf.*, *see* убивать
увидеть[2] *pf.*, *see* видеть
увидеться[2] *pf.*, *see* видеться
удача success, good luck
удовольствие pleasure
уезжать[1] *impf.*, (*pf.* уехать) to leave
ужасно very much, enormously, terribly
уже already
ужин evening meal
ужинать[1] *impf.* to have one's evening meal
узнавать[1] *impf.*, (*pf.* узнать) to find out
узнать[1] *pf.*, *see* узнавать
уйти[1] *pf.*, *see* уходить
улица street
*умереть[1] *pf.*, *see* умирать
умирать[1] *impf.*, (*pf.* умереть) to die
универмаг department store
универсальн|ый, -ая, -ое, -ые universal
университет university
университетск|ий, -ая, -ое, -ие university
*упасть[1] *pf.* to fall
упражнение exercise
урок lesson
успех success
устал, -а, -о, -и tired
устн|ый, -ая, -ое, -ые oral, spoken
утро morning
утром in the morning
уходить[2] *impf.*, (*pf.* уйти) to leave
*участвовать[1] *impf.*, *в чём?* to take part (*in*)
учащ|ийся, -аяся, -иеся student

учёба studies
учебник text book
учебн|ый, -ая, -ое, -ые educational
ученик pupil
учён|ый, -ая, -ые academic
учёт registration
училище school, college
учитель *m.* teacher
учительск|ий, -ая, -ое, -ие teacher's
учить[2] *impf.* to teach
учиться[2] *impf.*, *где?* to study
факультет faculty
фармацевт pharmacist
фармацевтическ|ий, -ая, -ое, -ие pharmaceutical
ферма farm
физик physicist
физика physics
физиолог physiologist
филолог philologist
филологическ|ий, -ая, -ое, -ие philological
философ *m.* philosopher
философия philosophy
филфак philological faculty
фильм film
фирма firm, company
флаг flag
фонетика phonetics
форточка small window for ventilation
фотоаппарат camera
фотограф photographer
фотография photography
Франция France
французск|ий, -ая, -ое, -ие French
фрукты *pl.* fruit
футбол football
футболист footballer
футбольн|ый, -ая, -ое, -ые football
характер temperament, character
химик chemist
химическ|ий, -ая, -ое, -ие chemical
химия chemistry

хлеб bread

*ходить[2] *impf.*, (*pf.* пойти) to go (on foot)

хозяйственн|ый, -ая, -ое, -ые household

хоккей hockey

хоккейн|ый, -ая, -ое, -ые hockey

холодильник refrigerator

холодно cold

хор choir

хорош|ий, -ая, -ее, -ие good

хорошо well

*хотеть[mixed] *impf.*, (*pf.* захотеть) to want

хотеться[mixed] *impf.*, (*pf.* захотеться) *кому?* to want (see Unit 37)

художник artist

художественн|ый, -ая, -ое, -ые art, artistic

царь *m.* tsar

царица tsarina

цветы flowers

*целовать[1] *impf.* to kiss

цел|ый, -ая, -ое, -ые whole, all

центр centre

центральн|ый, -ая, -ое, -ые central

цирк circus

чай tea

чайник kettle, tea-pot

час hour

часто often

часы *pl.* watch

ч|ей, -ья, -ьё, -ьи whose

человек *pl.* люди person

чемодан suitcase

чемпион champion

через + *acc.* later, in . . .'s time

чёрн|ый, -ая, -ое, -ые black

чёрт devil

четверг Thursday

читальн|ый, -ая, -ое, -ые reading

читать[1] *impf.*, (*pf.* прочитать) to read

что what

что-то something

*чувствовать[1] *impf.* to feel

шарф scarf

шахматист chess player

шахматы *pl.* chess

школа school

школьник pupil

шофёр chauffeur, driver

штраф fine

экзамен examination

экономика economics

экономист economist

экскурсия excursion

экскурсовод guide

эксперимент experiment

электричка suburban train

эскиз sketch, draft

эстрада popular music, variety (art)

этаж floor

эт|от, -а, -о, -и this

юг south

южн|ый, -ая, -ое, -ые southern

я I

язык language

языкознание linguistics

январь *m.* January

Япония Japan

японск|ий, -ая, -ое, -ие Japanese

ясли *pl.* crèche

Breinigsville, PA USA
October 2010
814BV00005B/1/P

9 780415 183185